姑苏符号

苏州古城

《姑苏符号》编委会 编

苏州新闻出版集团
古吴轩出版社

图书在版编目（CIP）数据

姑苏符号. 苏州古城 /《姑苏符号》编委会编. --
苏州：古吴轩出版社, 2019.12（2023.9重印）
ISBN 978-7-5546-1438-9

Ⅰ. ①姑… Ⅱ. ①姑… Ⅲ. ①苏州－概况 Ⅳ.
①K925.33

中国版本图书馆CIP数据核字(2019)第239322号

策　　划：唐伟明　陆月星
顾　　问：叶正亭
特约专家：柯继承　余　嘉
责任编辑：赵亚婷
装帧设计：戴玉婷
封面设计：刘雨馨
责任校对：鲁林林
插　　画：星　火　刘雨馨
摄　　影：祁金平　徐志强　张炎龙　钟敏强
　　　　　唐伟明　陆月星　刘雨馨　戴玉婷 等

书　　名：姑苏符号·苏州古城
编　　者：《姑苏符号》编委会
出版发行：苏州新闻出版集团
　　　　　古吴轩出版社
　　　　　地址：苏州市八达街118号苏州新闻大厦30F
　　　　　电话：0512-65233679　　邮编：215123
出 版 人：王乐飞
印　　刷：无锡市证券印刷有限公司
开　　本：787mm × 1092mm　1/16
印　　张：8.25
版　　次：2019年12月第1版
印　　次：2023年9月第3次印刷
书　　号：ISBN 978-7-5546-1438-9
定　　价：35.00元

编委会

编　委

撰　文

人物介绍

文文

小学生，性格憨厚，有时候又有点小迷糊，喜欢阅读，遇到想不通的问题喜欢打破砂锅问到底。他的理想是长大后成为一名博学的工程师。

乐乐

文文的同学，性格开朗，喜欢打抱不平，同学中的开心果，有责任心，做事认真。长大后他想成为一名酷酷的飞行员。

小美

文文的邻居，幼儿园、小学同班同学，平时有点爱臭美，有点冷幽默，做事很有自己的主见。她想成为一名艺术家，因为弹琴、画画、跳舞她都在行。

孩子们的课外导师，爱护学生，工作热情，知识渊博，思维活跃，虽然有时候很严肃，但同学们都不怕他，因为他胖墩墩的样子实在惹人喜欢。

苏博士

文文爸爸

报社的编辑，工作时沉着、冷静，回家后温和、热情，喜欢跟文文一起读书、运动、旅游。希望与儿子建立起铁哥们一样的关系。

目　录

第一单元　子城巷陌

第二单元　盛世阊门

第三单元　胥门传奇

第四单元　盘门风云

社会实践课活动地图

平门桥
平门
桃花坞大街
渡僧桥
石路
阊门
西中市
东中市
中街路
艺圃
环秀山庄
景德路
景德路
养育巷
曲园
怡园
人民路
干将西路
姑胥桥
胥门
道前街
道前街
万年桥
侍其巷
书院巷
百花洲公园
新市路
新市路
可园
瑞光塔
盘门
吴门桥
人民桥

苏州古城

望齐台
寺塔
齐门路
拙政园
东北街
百家巷
娄门
狮子林
塔西路
白塔东路
临顿路
平江路
仓街
前街
苏州城墙博物馆
《平江图》碑
相门
干将东路
章太炎故居
五卅路纪念碑
凤凰街
十梓街
十全街
葑门横街
带城桥路
网师园
沧浪亭
竹辉路
南园桥
觅渡桥

子城关键词

★ 苏州城之古为全国第一，尚是春秋物。——历史学家顾颉刚

★ 苏州公园、五卅路、皇废基、同德里、同益里

★ 《平江图》《六套城平面图》

★ 章太炎、汤国梨夫妇；肖特

第一单元

子城巷陌

1 城墙由来

苏博士导读

同学们，你们知道赫赫有名的苏州古城墙吗？

每天放学回家，我都会路过阊门城墙。

爸爸带我去过相门城墙，那儿的夜景特别美呢！

我还知道盘门、胥门、平门、齐门……

古城墙就像是苏州古城的素雅外衣，呵护着我们美丽的古城。今天让我们一起出发，去探究苏州城墙的奥秘吧！

苏博士课堂

在中国的建城史上，多为先筑城墙后建宫城，城墙是中国古代城市的基本要素，历朝历代都要花费大量的人力物力去修建。在没有机器的古代，建造坚实的城墙是一项十分浩大的工程，非常费时费力。既然如此，为什么古人仍然如此重视城墙的建设呢？

城墙在最初主要起着保障居民安全，防止野兽、敌人入侵的作用。高大坚实的城墙给城市里的居民以安全感，又能对入侵的敌人产

生威慑力。此外，城墙还有着重要的防洪功能。古代很多城市都建立在平原或河谷地区，常受到洪水的侵袭，城墙可以起到阻挡洪水的作用。这个功能对苏州来说尤为重要。

著名历史学家顾颉刚曾经说过：“苏州城之古为全国第一，尚是春秋物。”民间还流传着伍子胥用糯米筑城墙的说法。据说，伍子胥帮助建成阖闾大城后，群臣认为有了城墙和护城河的保护，吴国就可以高枕无忧了。伍子胥对这些论调深感忧虑，因为一旦敌人围而不攻，吴国就会弹尽粮绝。于是，他留下嘱咐，今后如果真的遇到缺粮的绝境，可去城墙下掘地三尺取粮。

后来越国伐吴，将吴国围困，时间一长，吴国的粮源得不到补充，很多人都快饿死了。这时，有人想起伍子胥的话，到城墙边掘地三尺，竟发现城墙基础是用糯米粉做的糕砌成的。于是大家把糕挖出来食用，终于渡过了饥荒的难关。

伍子胥真的会用糯米筑城墙吗？当然不会，但这个传说反映的是古人筑墙时用糯米、石灰拌和成黏合剂的历史。而从五代开始，苏州城墙也由最初的土垒城墙，变成了砖砌城墙；元明清时期，苏州城墙又有了多次大规模的修建和巩固。

苏州城墙是苏州古城的重要标志，古老的城墙见证着苏州古城的沧桑历史，守护着苏州。近年来，苏州城墙也得到了很好的保护和修缮。它不仅是我们城市一道独特的风景线，也承载着我们厚重的城市记忆。

拓展问答

城墙可以区分城乡吗?

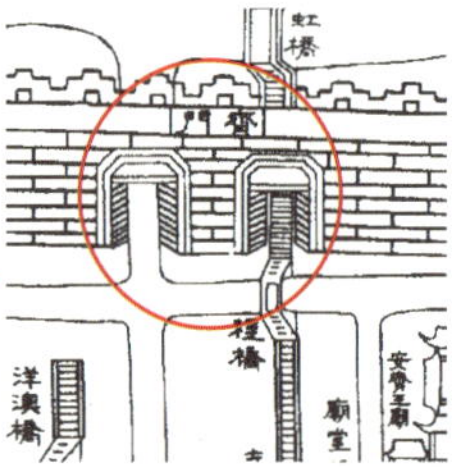

齐门

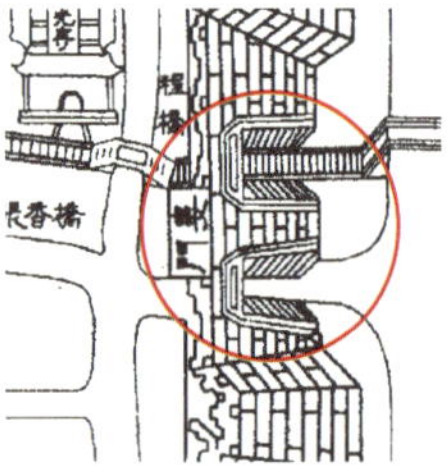

娄门

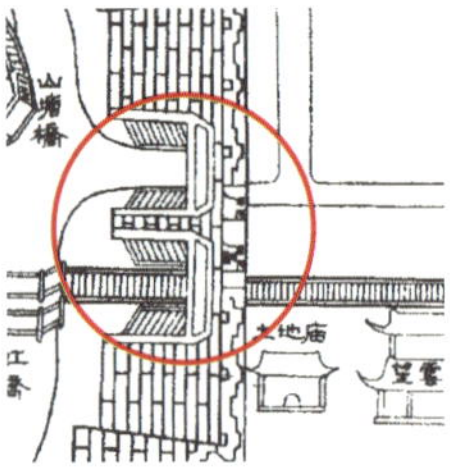

阊门

同学们见过苏州平江路上的《平江图》吗？这是我国现存最大、最完整的古代碑刻城市地图，上面清晰地描绘了宋代苏州的五座城门。从《平江图》上，你可以清楚地看到城墙内部是城，是当时苏州的政治、经济和文化中心；城墙外部是乡，是农村或者郊外。

葑门

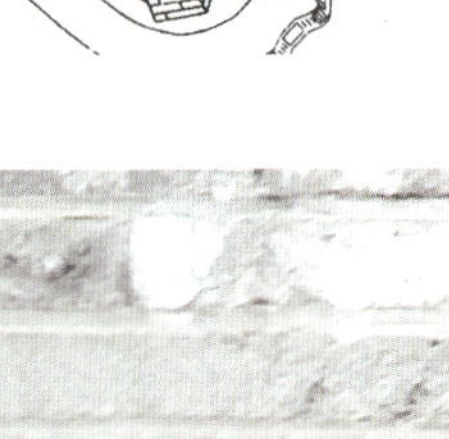

盘门

除了苏州城墙，我国还有哪些有名的古城墙呢？

例如南京明城墙，整体包括明朝时期修筑的宫城、皇城、京城和外郭城四重城墙，是世界上最长、规模最大、保存原真性最好的古代城垣；还有北京内城，城墙上唯一保存下来的东南角楼，是中国现存最大的城垣角楼。此外还有著名的西安城墙、荆州城墙等。

我和爸爸在苏州档案馆“吴门珍档”的展览上见过《六套城平面图》呢！

此份《六套城平面图》填补了苏州瓮城历史信息的空白。图上绘制有阊、胥、盘、娄、齐、葑六座瓮城的图形，各门的造型完整无缺，一目了然。在城门外修建的半圆形或方形的护门小城就是瓮城，它的两侧与城墙连在一起，是古代城墙的一部分。瓮城的形状与古代生活器皿“瓮”很相似，而且一旦敌人攻入瓮城，守城者就能将瓮城城门与主城城门关闭，起到“瓮中捉鳖”的效果。

课外活动

1. 想一想，你居住的小区或家中，有哪些结构设施有类似城墙的功能呢？

2. 和家人一起去苏州城墙边走一走，并当当小导游，向他们介绍苏州城墙。

2 子城变迁

苏博士导读

苏博士，听说苏州有个“子城”，还是以前的皇宫呢，在哪里呀？

我知道，就在苏州公园附近。可是现在看不出当时的模样了，真是太遗憾了！

子城虽然没有留下多少遗迹，但是有着悠久的历史，流传着吴王、张士诚、高启等很多知名人士的故事，今天我们就一起好好研究子城的变迁吧！

苏博士课堂

出于政治和军事的需要，我国古代很多都城都按外城套内城、内城套子城的格局建设。作为历史上多个王国的都城和我国东南一大都会，苏州古城的格局自然也是这样。一个完整的苏州城应该包括最里面的子城、中间的大城（内城）、最外面的外城。

子城位于苏州古城区核心部位，是内城的心脏。这一城池虽然现在已看不到多少痕迹，但子城的格局和范围大致可以在南宋《平江图》上看个清楚。子城呈长方形，四周环以不高的城墙，外围还有水道。从地图看，子城的范围大致东起今天的公园路，西到锦帆路，南临十梓街，北傍干将路。

子城经历了多次的损毁和重建，就像一位老人饱经沧桑，见证了姑苏历史文化的发展历程。两千五百多年前，伍子胥接受了吴王阖闾的命令，精心设计了子城。当时的子城就是吴王宫，相当于北京城里的紫禁城。到了战国晚期，春申君黄歇获得了在吴的封地，他在子城内兴建桃夏宫，还建了很多殿堂，十分壮观。可是，到了秦朝，谁也没料到子城失火了。大半的宫殿在熊熊烈火中化为灰烬，只留下了门楼。

后来，子城又再度辉煌。这里长时间被作为苏州最高级别的地方衙门，甚至成为整个江东地区的行政中心。韦应物、白居易、刘禹锡等大诗人担任苏州刺史时，都在这里办公。

元末明初，农民起义领袖张士诚自称吴王，将子城作为他的王府，进行了一定规模的修建。但不久朱元璋围攻苏州，子城宫殿被一把火焚毁。从此苏州再无子城，那里被大家称为“皇废基”。

到了近现代，在各界人士倡议下，子城这片土地又焕发生机，陆续建造了体育运动场地、苏州公园等，还有五卅路、公园路、民治路等颇具时代特色的道路。泱泱古城苏州，一方子城遗址，历经繁华，终留下质朴的模样，充满着生活的气息与历史的风韵。

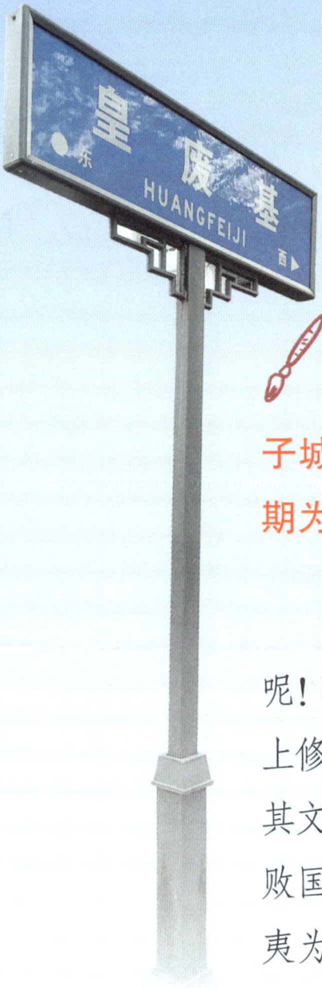

拓展问答

子城地处城中心，地理位置如此优越，明清时期为什么会荒废呢？

子城的荒废，还和明朝著名的大才子高启有一段渊源呢！明洪武六年（1373），苏州知府魏观在张士诚宫殿的遗址上修建府衙，又因仰慕高启的文才，请他作《郡治上梁文》，其文中有“龙盘虎踞”四字，结果被人诬告“兴灭王之基，开败国之河”。朱元璋龙颜震怒，将两人斩于南京，子城也被夷为平地。之后子城这里一直非常冷落，再也没有人敢在这里大兴土木了。

听爸爸说子城有不少历史建筑，苏博士，您能和我们具体说说吗？

子城历经沧桑，现在虽然看不出当时的繁华，却也留下了珍贵的历史建筑。如清末民初民主革命家、思想家、著名学者章太炎的故居，南社诗人叶楚伧（cāng）的故居，还有典型民国建筑风格的同德里、同益里，宋代建筑孝义坊、盐仓巷等。中西合璧的建筑——同德里、同益里是姑苏城里的“老上海”，有上海“石库门弄堂”的韵味。这里有当时最高级、最先进的房子，有独立的厨房、卫生间等功能区域，有当时属于先进的排水系统、自来水设施等。

课外活动

请到苏州公园附近走一走，看一看，找找子城还留下了哪些遗迹，它们都有哪些传奇故事。

3 五卅路与苏州公园

苏博士导读

子城范围内有一条五卅路，“五卅”是什么意思呢？

“卅”是数字三十的中文代用字，“五卅”指的是1925年5月30日这一天。

这一天有什么特殊意义吗？

这一天发生了震惊中外的“五卅惨案”。上海两千多个爱国学生高呼“打倒帝国主义”，散发传单，发表演说。当天下午，一部分学生在南京路被捕，其余学生及群众聚集在巡捕房门口，要求释放被捕者，英国巡捕竟开枪射击，死伤多人。“五卅惨案”是反帝国主义爱国运动——五卅运动的导火线，揭开了大革命高涨的序幕。

苏博士，您带我们一起去五卅路感受这一段历史吧！

苏博士课堂

十梓街北、干将路南，苏州公园和体育场间，有一条南北走向的马路，叫“五卅路”。静谧的五卅路名气却不小——它因九十多年前那场著名的五卅运动而得名，目前全国仅此一条。

1925年的上海，发生了震惊中外的“五卅惨案”。苏州各界人士和学生为支援上海工人的罢工斗争，发起募捐运动。罢工结束后，上海总工会把未用完的钱款退回苏州。后来这笔款项就用于扩建公共体育场旁窄小的石板路，将之开成大路。建成后，为纪念这一历史事件，人们便将这条路取名为“五卅路”，并竖了两块界石，以教育后人。1985年又值五卅运动六十周年，苏州市人民政府于五卅路中段民治路口镌刻“五卅路纪念碑”，并将原界石立于碑的一侧，以志纪念。

看似平静的五卅路，它的历史却如此惊心动魄。现在，每逢党的生日、国庆等重大节庆日，邻近的学校、企业总不忘到这里组织活动。与“五卅路纪念碑”仅一街之隔的苏州市平直实验小学校，每年儿童节都会组织少先队员向“五卅路纪念碑”敬献鲜花，并组织新加入中国少年先锋队的同学在纪念碑前庄严宣誓。

在五卅路的东面则是大家非常熟悉的苏州公园，俗称大公园。1920年，因社会各界提倡，由江阴旅沪巨商奚萼铭捐银，请法国园艺家若索姆设计，建造苏州第一座现代公园。1927年，又由颜文樑设计东斋、西亭、喷水池等，同年8月1日开放。据说，在苏州公园正式建成开放的当天晚上，还放映了无声电影并燃放焰火，轰动了整个苏州城呢！

苏州公园历经近百年沧桑，虽多次整修，仍保持了建园初期形成的法式花园与中国自然山水交融的布局风格。在2001年全面改造后，苏州公园的功能更加健全，成为可供市民健身、娱乐、观赏的休闲场所。

拓展问答

苏博士，苏州公园里有一块“肖特纪念碑”，这块纪念碑又有怎样的历史呢？

1931年“九一八事变”后，一位优秀的美国飞行员罗伯特·肖特为了支援中国人民的抗日战争，来到了中国。1932年在与日本空军的战斗中英勇牺牲，牺牲地点在苏州独墅湖附近。苏州人民为了纪念这位抗战英雄，建立了纪念碑。现在同学们看到的纪念碑是在2018年重建的。

苏博士，听说重建“肖特纪念碑”与我们小学生也有关系呢！

肖特纪念碑在苏州公园重建，正是缘于一封来自苏州市平直实验小学校的小学生投书。

2014年9月1日，罗伯特·肖特入选国家民政部第一批著名抗日英烈。2015年底，平直实小少先队大队委发起“重建肖特纪念碑”的号召，当时六名少先队员写了一封关于重建苏州公园肖特纪念碑的信，并寄给了市政府。这一倡议得到了市委、市政府的大力支持，并收到来自市政府的回复：“支持同学们的宝贵意见。”这座英雄的纪念碑在大家的关注和支持下终于正式落成，今天，我们才得以在优美宁静的大公园缅怀这位国际战士的义举。

课外活动

苏州公园附近有一处中共苏州独立支部旧址（原苏州乐益女子中学内），同学们可以预约参观，探寻红色印记，感受峥嵘岁月。

4 子城名人——章太炎

苏博士导读

子城这一带绿树成荫，建筑都别具风韵，真是适于找个地方坐下来看看书呢！

我听爸爸说苏州公园里本来有一座城堡式的两层四面钟楼的图书馆，可惜后来被日军炸平了。

子城曾经是苏州读书、讲学、著书、展演的中心，虽然这座图书馆不复存在了，但我们可以去子城找寻国学宗师章太炎的足迹。

苏博士课堂

章太炎是中国近代哲学家、著名学者，是个了不起的大学问家。章太炎自幼博览群书，在青少年时期，他几乎把全部精力用在研究国学上，25岁前就拥有了惊人的国学知识储备，为他后来成为一代国学大师奠定了基础。

1932年，章太炎经常在苏州讲学。每当他来讲学，就会引起全城轰动，人们非常希望他在苏州设立固定的讲学组织。章太炎也很喜欢苏州，便决定在苏州找一个地方住下来，以便长期讲学。一天，章太炎和夫人汤国梨路过锦帆路，他们见到一栋正在兴建的中西合璧式宅院。宅院四周是郁郁葱葱的树木，周围静谧美好，正适合用来讲学，夫妻二人都很喜欢。碰巧的是，这座宅院正在出售中。于是，章太炎夫妇便将此处房子买下，用来自住，同时在这里举办“章氏国学讲习会”。

不久，章太炎一家便搬到了这座宅院里，并取名“章园”，也就是现在的锦帆路38号。此后，章太炎的国学讲习会就在这里正式开讲。他主讲小学、经学、史学等。这是章太炎一生中重要的国学讲学活动，听课的学生一次就有五百多人。后来，他重病缠身，夫人劝他不要讲了，要多休息，他却说，饭可不食，书仍要讲。最后一次讲学时，他甚至已经不能进食了，真是“生命不息，讲学不止”。

1936年6月14日，章太炎在这里去世。2011年章太炎故居——章园被列为江苏省文物保护单位。历经岁月变迁的章太炎故居静静地矗立在那里，仿佛仍然散发着墨韵书香。

拓展问答

章太炎先生个性鲜明、知识渊博，他讲课有什么特别之处吗？

章太炎先生去北大讲学，可以容纳几百人的北大风雨操场坐得满满当当。章太炎在北京任教的弟子钱玄同、刘半农、吴承仕等五六人围绕着老师登上讲台，然后一字排开，毕恭毕敬地侍立在老师旁边。章太炎用浙江余杭话进行演讲，大多数人听不懂，于是由刘半农翻译。又因演讲中常常引经据典，钱玄同便不时在黑板上用板书写出。涉及的人名、地名、书名，有拿不准的，担任翻译的刘半农会和写板书的钱玄同当场商量，或者向侍立在老师旁边的其他人询问，就是不去烦扰老师。其情其景给后世留下了尊师重教的佳话。

章太炎故居

章太炎先生真是一位令人尊敬的学者！苏博士，您还知道其他关于他的故事吗？

那我就来讲一个“纵酒骂袁以致误车”的故事。其实章太炎常被戏称为“章疯子”，而这“疯”没有任何贬低的意思。他曾因反对袁世凯被关起来。当时他突发奇想，打算从被囚禁的地方逃走，甚至已经托人买好了离开的火车票。友人知道他出门肯定会被阻拦，插翅难逃，便设宴邀他喝酒。为了拖延时间，有人倡议以“骂袁”为酒令，章太炎大喜，结果酒喝多了，骂袁世凯也骂痛快了，上车的时间也误了。

汤国梨夫人也是近代女子先驱人物呢！

汤国梨性情刚强，且天资聪慧，能诗善书。她积极参加“女子北伐队”和“神州女界协济社”，且投身于女子教育，号召妇女必须学习知识，经济自立，参与政治，谋求与男子同等的地位，颇显女中豪杰的风范。在举办“章氏国学讲习会”期间，她更主动承担起教务长的责任，内外事务均由她包办管理，为章太炎助一臂之力。汤国梨97岁时病逝于苏州，她为苏州文化事业发展也做出了很大的贡献。

课外活动

其实和子城有关的名人不止章太炎一个，还有苏舜钦、叶圣陶、蒋吟秋等，课后找找相关资料，看看他们和子城都有着怎样千丝万缕的联系。

社会实践课 游子城

苏博士去哪儿

子城是苏州古城的“城中城”，它历史悠久，虽然经历了许多坎坷往事，但也留下了众多遗迹等待我们探寻。今天苏博士就带大家一起游子城！

现在苏州体育场附近有一条短小的巷子叫作“皇废基”，就记录了子城的悲怆历史。

还有锦帆路，从前是子城的护城河。相传吴王与宫女乘坐悬挂锦帆的船在这里游乐，所以才得名“锦帆泾”，河道填充成路后称“锦帆路”。

看来我们学习过子城之后，大家课外可下了不少功夫。今天我们就踏上这方古老的土地，开始子城遗迹探秘之旅吧！

微旅游路线推荐

子城遗迹探秘之旅

锦帆路——章太炎故居——皇废基——苏州市体育场——五卅路——同德里、同益里——五卅路纪念碑——苏州公园——中共苏州独立支部旧址——九如巷

同学们，你们也可以设计属于自己的子城微旅游路线，出发吧！

完成微记录

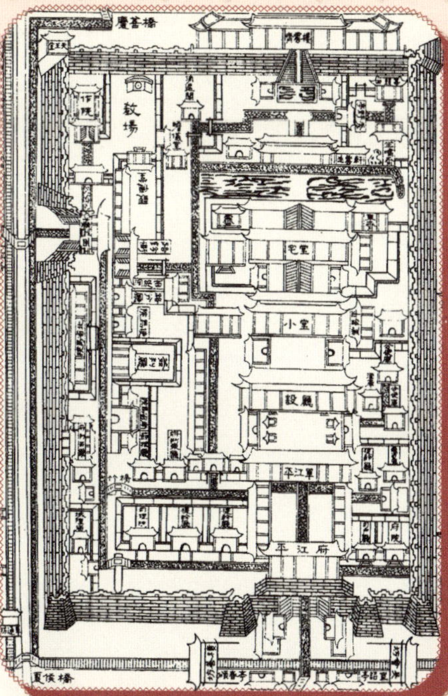

1. 制作“子城游明信片”：

(1) 手绘子城旅游路线图；

(2) 手绘本次旅行中给你印象最深的一处建筑；

(3) 在明信片上留言，将明信片送给你的好朋友。

2. 制作“子城名人连环画”：

(1) 了解子城的相关名人经历，收集子城名人的诗词和故事；

(2) 选择一个最感兴趣的子城名人，绘制连环画；

(3) 与周围的同学交换欣赏“子城名人连环画”。

选择一种完成

阊门关键词

★ 立阊门者，以象天门，通阊阖风也。——《吴越春秋》

★“气通阊阖”石碑、“五龙汇阊”、阊门寻根纪念地

★ 洪武赶散

★ 都穆；徐扬与《姑苏繁华图》

第二单元

盛世阊门

1 阊门变迁

苏博士导读

“吴趋自有史，请从阊门起……”这是西晋文学家、书法家陆机在《吴趋行》里提到苏州的第一句话。

“吴趋”也是苏州的代称，这句话充分肯定了阊门对苏州古城的重要性啊！

“阊门何嵯峨，飞阁跨通波”，阊门之景是多么繁华啊，我们赶紧去感受一下吧！

苏博士课堂

阊门最早修建于春秋时期，距今可有两千五百多年，悠悠岁月中，它驻守在苏州古城的西面，远远望着虎丘。关于阊门的得名，《吴越春秋》中记载：“立阊门者，以象天门，通阊阖风也。”“阊阖”是神话传说中的天门、天宫，“阊阖风”也对应方位里的西风。当时吴国想要攻打西面强大的楚国，军队要从西面的城门出发，吴国希望通过立阊门以

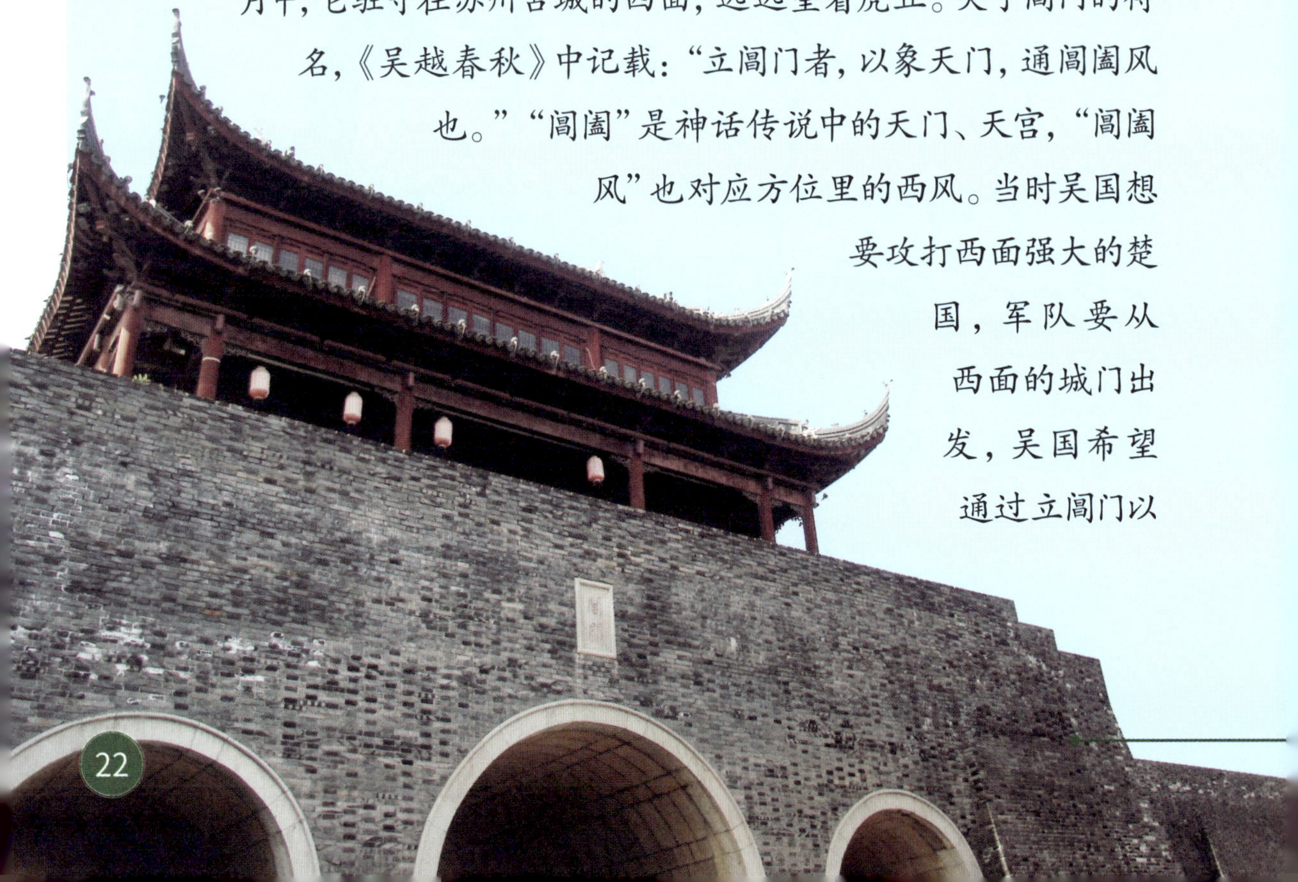

得到上天的庇佑，既为自己的士兵壮胆，也可以让邻国害怕，在气势上威慑邻国。后来，吴军讨伐楚国大胜而归，正是从阊门进城，因而阊门又被称为“破楚门”。现在，阊门边还有一块“气通阊阖”的石碑，昭示着阊门的由来。

早在唐朝，苏州的经济就在全国首屈一指，因为靠近运河，阊门自然发展成为苏州最繁华的地段。白居易当苏州刺史时，就写过一首《登阊门闲望》的诗，还沿山塘河修筑了一条从阊门通往虎丘的堤岸，时称武丘路，也称白公堤，即今山塘街。但是阊门最兴盛的时代，当属明清时期。从运河边的枫桥铁铃关沿上塘河向东一直到钓桥（今称“吊桥”）两岸，各色商铺鳞次栉比，茶楼、酒肆、饭馆等应有尽有，街上游人如织，河里百舸争流。住在阊门附近的唐寅赋诗《阊门即事》——“世间乐土是吴中，中有阊门更擅雄。翠袖三千楼上下，黄金百万水西东。五更市卖何曾绝，四远方言总不同。若使画师描作画，画师应道画难工”，极尽阊门一带之繁华风流。

可惜，阊门昔日的繁华被断送在一场无情的大火中。太平天国忠王李秀成攻打苏州，江苏巡抚徐有壬和总兵马德昭为了所谓的巩固城防，“三令纵火”，彻夜的冲天大火让曾经繁华盖世的阊门外一带尽成焦土，阊门元气大伤。

2004年，阊门重建工程正式动工，修复阊门遗址，同时恢复部分城门和城墙。而在《苏州市历史文化名城保护规划》的指导下，阊门也得到了更好的保护。现在，阊门一带不仅是苏州的重要商圈，也是极具标识性的历史文化景观区。

拓展问答

老苏州有“金阊门、银胥门”的说法，是什么意思呢？

这是说当时苏州商业最繁华的地方就在阊门、胥门一带。《红楼梦》第一回中讲述《石头记》的缘起，就说：“这东南有个姑苏城，城中阊门，最是红尘中一二等富贵风流之地。”

听爸爸说，阊门在《三国演义》中也出现了！

在《三国演义》第十五回《太史慈酣斗小霸王　孙伯符大战严白虎》中就出现了阊门。当时“小霸王”孙策率军进攻苏

州城，刚刚归属孙策的太史慈在阊门外一箭射向城楼，把一名耀武扬威的敌将的手钉在了护梁上，军威大振。

都说阊门有“五龙汇阊”的独特景观，我怎么没有见到五龙呀？

“五龙汇阊”其实是指阊门地区独特的水貌特征，外城河（南北濠河）、内城河、上塘河、山塘河分别从五个方向而来，在这里汇聚，就像五条巨龙交汇在一起。

课外活动

找一找诗歌等文学作品中对于阊门的描写，认真读一读，感受一下当时的阊门盛景。

2 洪武赶散

苏博士导读

在阊门水码头有一块“阊门寻根纪念地”石碑，你们见过吗？

我见过！就在阊门的河对面，旁边还有两棵“思乡树”呢！

我和爸爸也去过那里。阊门寻根纪念地由望苏埠、朝宗阁、寻根驿站组成，朝宗阁里还有大型漆画《洪武赶散图》《迁徙路线图》各一幅。

从阊门水码头到朝宗阁还铺装了朝宗路，上面刻着99个字形各异的“根”字，以体现“九九归一”、认祖归宗之意。今天我们就去那里了解一下“洪武赶散”的历史吧！

苏博士课堂

如今扬州、泰州、淮安、盐城等地区的许多居民，都称自己祖籍是“苏州阊门”，祖上是因为“洪武赶散”而迁到苏北的。当时的苏州人为什么要远离家乡呢？这就要说到明朝开国皇帝朱元璋了。

朱元璋出身贫苦，在他率兵推翻元朝统治的时候就发现，当时的土地很多都被地主霸占了，这些豪强的势力盘根错节，很难对付。于是在建立明朝后，朱元璋为加强中央集权统治，发展经济，缓和社会矛盾，就想尽办法控制住地方豪强的势力。

张士诚曾在苏州建立根据地，自称吴王，与朱元璋相抗衡，因此，朱元璋对苏州一向没有好感。苏州城的久攻不下，苏州百姓对于张士诚的拥戴，都惹怒了朱元璋，他甚至在破城后下令大烧大杀。为了防止张士诚原有的“臣民”不服统治，聚众谋反，疑心病很重的朱元璋一直将苏州视为他的心腹大患。当时苏州阊门一带是全国最大的商贸区之一，粮行林立、商号罗列，繁忙的大运河里千帆竞发，众多士绅商贾在此聚集。为巩固政权，朱元璋下令将那些原来支持和拥戴过张士诚的士绅商贾没收家产，责令全家迁徙到外地垦荒屯田。这些苏州百姓虽然不愿意背井离乡，但

朝廷军队强制将他们赶离。人们心怀不满和忧愁，依依不舍地在阊门码头编队出发，前往陌生的他乡。因为人口的大规模迁徙主要是在洪武年间发生的，所以被称为“洪武赶散”。

明初，朱元璋为惩罚苏、松等地支持张士诚的江南缙绅，还对苏、松等江南地区实行重赋政策，并规定这些地区的人不得任职户部官员，以防止其偏袒家乡。

拓展问答

这么大规模的移民，他们的祖籍都是苏州阊门吗？

当时迁往苏北的并不都是苏州人，也有来自杭州、湖州、温州、松江（今上海）等地的。但是，阊门邻近京杭大运河，是古代江南最重要的交通枢纽，移民们很可能先集中在阊门一带，再编队出发，因而阊门成了他们心中故乡的象征。现在，阊门也被视为中国寻根问祖的重要朝宗圣地之一。

苏北地区现在有没有保留一些苏州风俗呢？

苏北仍然保留着许多苏州风俗。农历七月三十日，苏州城内有烧“狗屎香”的习俗，为的是纪念小名“九四”的张士诚（吴语“九四”谐音“狗屎”）。在大丰、扬州、姜堰、泰州、海安等地，至今同苏州一样也仍然有烧“狗屎香”的习俗。在流传语言上，如兴化、高邮、宝应、泰兴、姜堰、东台一带的不少农村老人，称睡觉为“上虎丘”，称做梦叫“上苏州”，也体现了他们对故乡念念不忘的感情。

课外活动

去阊门寻根纪念地走一走，试着读一读《阊门寻根纪念碑》碑文，了解这一段历史。

大型漆画《洪武赶散图》

3 阊门名人——都穆

苏博士导读

同学们，你们对“吴门四家”有了解吗？

沈周、文徵明、唐寅、仇英这四个大画家并称为“吴门四家”。

对！阊门这一带文人荟萃，沈周、文徵明和唐寅的一位知己好友也住在阊门附近，也是一位大才子。

那我们一起去探寻一下这位大才子的足迹吧！

沈周

文徵明

唐寅

仇英

苏博士课堂

都穆

在钟灵毓秀、繁华富庶的江南，才俊辈出，有“四大才子”唐寅、祝允明、文徵明、徐祯卿，唐寅又和沈周、文徵明、仇英并称“吴门四家”，他们个个都是惊才绝艳之士。在明代苏州士人中，都穆或许并不是最耀眼的人物。但是在当时的诸多文献中，不管是文学经学，还是金石书画，甚至收藏鉴赏、隐逸旅行，都绕不开都穆；在名士的交游笔记中，也都有都穆的身影。

都穆是明代中期有名的士人，是明代的官员，亦是藏书家和金石学家。他居住在南濠里，也就是苏州阊门外的南浩街。当时苏州阊门是天下最繁华的地方之一，而阊门又以南濠一带最兴盛，都氏是南濠一带的望族。都穆兴趣广博，好学勤恳，为人也很侠义，因此当地人都很仰慕他，称他“南濠先生”。

都穆自幼读书就有学者风范，凡事喜欢问个究竟。他读书讲究追古溯源，一定要找到根据才心满意足。他还喜欢和同乡的老先生、有名望的学者交游，向他们请教。听到一些奇事怪事，一定要亲自前往探个究竟，把事情详细了解清楚才肯回家。在这样勤恳严谨的治学态度下，他30岁时，已经写了数十卷书，同乡人都十分尊敬他。

都穆为人豪爽侠义，他晚年弃官回乡后以卖文为生，所得润笔之资除供养家用外，常常用来帮助门下寒士，自己生活却十分窘迫。有一次他生病了，仍然挣扎着用手帕裹头，要坚持写字。别人劝他休息，他却说休息的话，就没有人来请他写字了。但是即使生活艰辛，他也不愿依附权贵，并不因贫穷而悲伤，始终保持豁达，常常笑着说：“天下之大，总不至于让我饿死。”

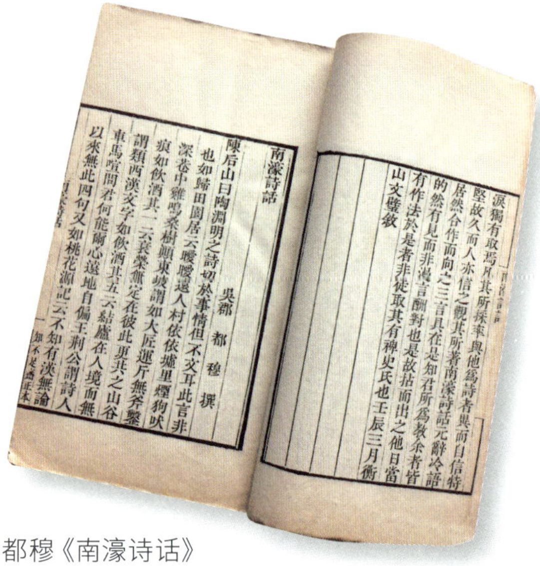
淚獨有取焉凡其所採率與他爲詩者異而自信特
堅故久而人亦信之觀其所著南濠詩話元辭冷語
居然合作而向之三言具在是知君所爲教余者皆
的然有見而非漫言酬對也是故括而出之他日當
有作法於是者非徒取其有裨史氏也壬辰三月衡
山文璧敘

南濠詩話
吳郡　都穆　撰
陳后山曰陶淵明之詩切於事情但不文耳此言非
也如歸田園居云曖曖遠人村依依墟里煙狗吠
深巷中雞鳴桑樹顛東坡謂如大匠運斤無斧鑿
痕如飲酒其一云衰榮無定在彼此更共之山谷
謂類西漢文字如飲酒其五云結廬在人境而無
車馬喧問君何能爾心遠地自偏王荊公謂詩人
以來無此四句又如桃花源記云不知有漢無論
南濠詩話　一
知不足齋正本

都穆《南濠诗话》

拓展问答

苏博士，都穆这么好学勤奋，您还能讲讲他求学的故事吗？

有关都穆好学的故事，流传最多的还是“读书灯”，即“夜雨求烛”。吴地有一家人家娶亲，晚上风雨交加，蜡烛都熄灭了。这户人家遍求烛火不得，有人说：“南濠都少卿家，肯定还留着一盏读书灯。”这户人家赶往都穆家，都穆果然还在读书，这户人家也求到了烛火。

苏博士，都穆和其他才子有交往吗？

都穆生活于明代中期的吴郡，当时这里有名满天下的文人、学者、画家，也有流誉后世的鉴赏家、旅行家，都穆得以结交各个领域的杰出代表。长一辈的如沈周，他与都穆有师徒情谊，都穆幼年时就向沈周学诗。沈周诗画双绝，都穆对沈周大为叹服，对他的画也多有题跋。都穆和文徵明也是少年相交，常有书画往来和诗文唱和，彼此欣赏盛赞，亦师亦友。而都穆和唐寅自幼皆善，二人也常共同著说。在与这些吴中才子交往的过程中，都穆受益匪浅，他们对他的人生选择、治学处世都产生了较大的影响。

课外活动

给你的好朋友讲一讲都穆刻苦求学的故事。

4 《姑苏繁华图》

苏博士导读

古代不少文人都在诗文作品里咏赞阊门，留下了对阊门的历史记载，古代的画家有没有在作品中刻画过阊门呢？

明代仇英曾经画过《清明上河图》，描绘了阊门一带的繁华街市。清代徐扬《姑苏繁华图》更是着力刻画了阊门城门，而且画家徐扬也正是阊门一带的人。

真想看看画作里留下的绝世阊门之景呢，苏博士，您快给我们介绍一下吧。

苏博士课堂

徐扬，是从苏州走出的画家，家住阊门专诸巷。他饱读诗书，精于绘事，于花鸟、山水无所不能。乾隆十六年（1751），徐扬献画于乾隆，受到乾隆皇帝的赏识，得以进京成为专职画家，奉职宫廷画院“如意馆”。后来受到西方画家的影响，他学习了透视画法，于绘画技法方面更臻完善。他利用西画透视技巧融合传统画法，对细节的刻画更加趋于写实。任职宫廷画院期间，他创作了一系列反映当时政治生活的巨幅作品，画技也日益纯熟，深得乾隆欣赏。

乾隆二次南巡之后，徐扬耗费二十四年心血创作了宏伟长卷《姑苏繁华图》（题跋中亦称《盛世滋生图》），歌颂“乾隆盛世”，也饱含深情地留下了对家乡最深刻的眷恋。《姑苏繁华图》全长一千二百四十一厘米，相当于两幅张择端《清明上河图》的长度。画面空间跨度很大，几乎就是一张当时繁华苏州的三维地图。卷首西起灵岩山，经木渎镇往东，过横山，渡石湖，历上方山，介狮子山、何山两山间，入苏州城，绕葑门、盘门、胥门出阊门外，转入山塘街至虎丘。画卷的叙事方式严格遵守了地理交通秩序，连绵数十里内的湖光山色、水乡田园、城池盛景、书香市声跃然纸上。

徐扬精于细节的刻画。画面上的人物摩肩接踵，神态各异，个性具现，粗略计算，全图共绘一万二千余各色人物；街上人来人往，河里船只川流不息，有运粮船、货船、客船、木筏等，数一数，将近有四百条船；街上店铺林立，计二百余家，丝绸庄、棉布店、香烛铺、烟草店、染坊、杂货店、饭店、珠宝店、典当行、药店等应有尽有。

徐扬以其高超的写实能力在《姑苏繁华图》中留下了当时繁华苏州的一个缩影。《姑苏繁华图》也被后世誉为研究清代苏州的“百科全书”，具有极大的历史价值。

拓展问答

徐扬在画《姑苏繁华图》之前是否有所准备呢?

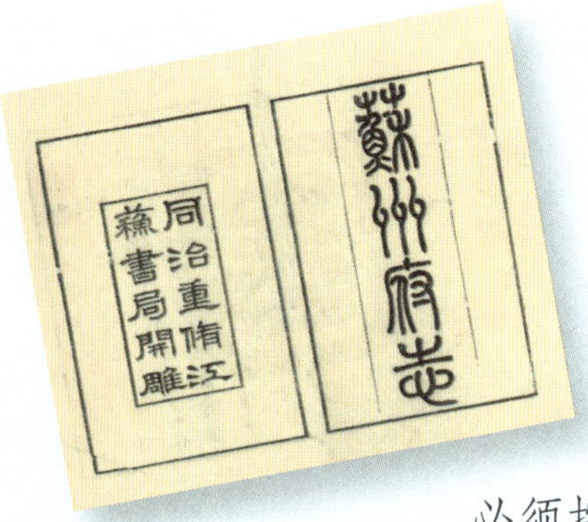

徐扬曾经参与《苏州府志》中苏州城图的绘制，为他后来创作《姑苏繁华图》奠定了基础。绘制苏州城图不仅需要执笔者具有一定的绘画基础，而且要有一定程度的地理文化修养。城图绘制必须按照一定的区域位置，实地考测水文、建筑、道路等内容，方可准确完成。绘制苏州城图在一定程度上锻炼了徐扬清晰严密的地域方位辨别能力。

徐扬在《姑苏繁华图》中刻画的阊门是什么样的呢?

《姑苏繁华图》将阊门作为重点加以描绘，并将这部分景致安排于图卷接近尾声的高潮位置。城门临阊门大街(今西中市)，上有城楼，类似盘门城楼。外城门靠钓桥，瓮城为长方形，瓮城内另有套城，并还有南、北两个童梓门。南童梓门通今南新路，北童梓门通北码头。城前钓桥上人流如潮，桥下运河中帆樯林立，在没有照相机的18世纪，《姑苏繁华图》非常可贵地为我们记录下了阊门商业繁茂的景象。

我最近学习了戏曲，《姑苏繁华图》里有戏台吗？

小美，你仔细看，遂初园内的轩厅上有一堂会节目正在上演，有正旦（扮演中青年女性）、作旦（扮演童子）二人演戏。从角色和情节看，应为南戏四大名剧之一的《白兔记》，又称《刘知远》。图中已演至咬脐郎因出猎追逐白兔而与生母相见的一幕，坐在地上哭泣的人是李三娘，肩上担着木桶的人即代母挑水的咬脐郎。狮子山前还有一扎彩的戏台，台上所演的是传统折子戏《打花鼓》。

课外活动

细细欣赏《姑苏繁华图》，找一找你熟悉的地方，并描绘其中的一个画面。

遂初园内堂会节目《白兔记》

（《姑苏繁华图》局部）

胥门关键词

★ 五月胥江怒，水嬉欢竞渡。——［清］邵长蘅（héng）

★ 伍子胥纪念园、万年桥、“民不能忘”牌坊

★ 端午节

★ 伍子胥、汤斌

第三单元

胥门传奇

1 胥门沧桑

苏博士导读

今年我们一起去古胥门元宵节灯会吧!

好啊，古胥门元宵节灯会2009年还被列入江苏省非物质文化遗产保护名录呢，我一直想约大家去。

还能参加走三桥、制苏灯、猜灯谜等吴地民俗活动，活动非常精彩。

大家别着急，在参加古胥门元宵节灯会之前，让我们先来了解一下胥门的历史吧!

苏博士课堂

胥门位于苏州城西万年桥南，为春秋吴国建造都城时所辟古门之一，也是苏州颇具传奇色彩的城门。它的得名扑朔迷离：一说，城门遥对姑胥山（即姑苏山），故名；一说，春秋名臣伍子胥不辞辛劳，“相土尝水，象天法地”，筑就苏州城，时至今日，姑苏城仍保持着伍子胥主张的“必先立城郭”的风貌，后人为表达对伍子胥的纪念，故名；另一说，吴王夫差信任奸臣，不听伍子胥的劝谏，逼伍子胥自尽，伍子胥死后，头颅被挂在城门上示众，故名。

胥门还有一个奇特之处——只有陆门，没有水门。照理说，苏州是江南水乡，水道纵横，每个城门基本上都设有陆门和水门，为什么胥门偏偏不设水门呢？传说，原来的胥门正对太湖重要出水通道之一的胥江，而战国时的春申君黄歇测知太湖地势高过苏州，一到雨季，太湖水泛滥，就会倒灌进苏州城里，这样老百姓就要遭受洪水之苦了。所以为免百姓受洪水之灾，春申君就把胥门的水城门封闭了。

胥门是苏州大多数古城门中的幸运儿，它没有经历过大规模拆建，现存城门是元代末年遗存，明清时期又经历整修，清初修建门楼时，还由学者顾嗣立题写“姑胥拥翠”匾额。1982年胥门古城门被列为苏州市文物保护单位。如今古胥门一带已被建成一个绿树成荫、花团锦簇，集古韵今风为一体的公园，重现了往昔“姑胥拥翠”的美景。

拓展问答

苏博士，您看，这里有块牌坊，上面写着“民不能忘”，这是什么意思呢？

这块牌坊是吴地百姓为了纪念勤政爱民的清朝巡抚汤斌而立的。汤斌在苏任职期间，敢作敢为，为苏州百姓做了很多好事。他重视农业，减免沉重的赋税，还整顿吏治、打击豪强、访贤问能，大力整治民风民俗，受到百姓的敬重与颂扬。汤斌一生清廉，他有个诨号叫作“豆腐汤”。这个称号是怎么来的呢？汤斌从进入仕途开始，就一直克己省身，不谋私利、不图享受，坚持过粗茶淡饭的俭朴生活，餐餐都以豆腐汤为菜，久而久之，苏州老百姓就给他起了一个“豆腐汤”的称号。今天，这块牌坊还提醒着人们要记住汤斌，以古鉴今，克己省身。

苏博士，胥门边上这条河是胥江吗？和伍子胥有关系吗？

胥门边上这条河是苏州的环古城河，它并不是胥江。但是胥江东面的起点是在这里，看，往西南方向流去的那条河才是胥江。胥江往西南到胥口，直通太湖。胥江和伍子胥有着密切的关系，是伍子胥主持开挖的人工运河。吴国擅长水军战斗，伍子胥为了让吴国的水军能快速前往楚国，带人开挖了胥江。挖通胥江后，吴国以三万水军突袭楚国，打败了楚国二十万大军。明清时期，太湖里的过往船只大多经胥江到胥门，造就了胥门一片繁华胜景。

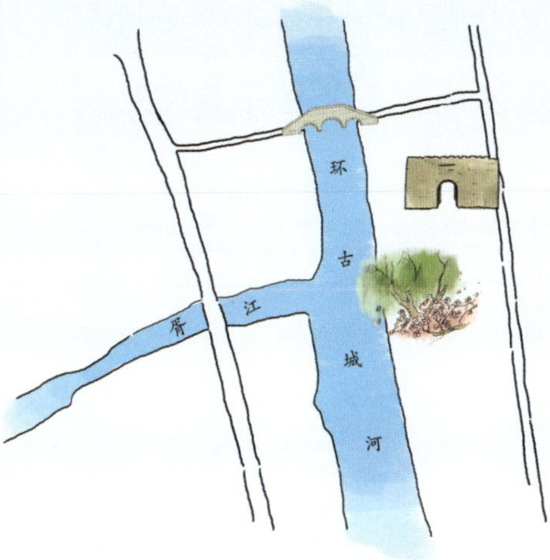

课外活动

去古胥门元宵节灯会上轧轧闹猛，在游玩时不要忘记给家人或朋友介绍一下胥门。

2 伍子胥

苏博士导读

胥门城墙西侧有一个伍子胥纪念园，走，我们过去看看。

这里有座高大的塑像，正是浩气凛然的伍子胥啊！

园内还有许多纪念伍子胥的诗碑，“直气海涛在，片心江月存”这一句真能读出他的气魄。

“从古英雄皆落魄，一身忠孝独完名。”其中也包含着英雄末路的遗憾啊。苏博士，您快给我们讲讲传奇人物伍子胥吧！

苏博士课堂

“南国烽烟正十年，此头须向国门悬。”这是陈毅将军被困梅岭时写下的名句，灵感正是来自春秋末年吴国的重臣伍子胥。从逃离楚国到伐楚复仇，从成就吴国霸业到自尽身死，其中又有多少悲欢离合、兴盛衰亡的传奇故事呢？

伍子胥原是楚国人，父亲伍奢是楚国太子太傅，负责教导太子建，后来太子被费无忌诬陷，伍奢也受到了牵连。费无忌还为楚平王献上一计，以伍奢为人质将他的两个儿子召来，一起杀掉以斩草除根。伍子胥看穿了楚平王的阴谋，劝哥哥伍尚一起投奔他国，借他国之力以报父仇。伍尚却对伍子胥说：“你可逃走，报杀父之仇，我将安心就死。”

失去亲人且遭到追杀的伍子胥最终投奔吴国。伍子胥是个非常有才华的人，在吴王阖闾继位后，他得到阖闾的重用，为阖闾出谋献策、强国强军。那时，吴国西克楚国，北镇齐晋，南收越地，伍子胥不仅为亲人报了仇，也立下了赫赫战功。

越王勾践投降后，伍子胥认为应联齐灭越，一举消灭越国，但是吴王夫差为伯嚭（pǐ）的谗言所惑，不听伍子胥的主张，反而让他出使齐国，把他调离了自己身边。伍子胥多次劝谏未果，反而遭人嫉恨和排挤，他为吴国的未来深深担忧。于是伍子胥将他的儿子托付给齐国的鲍牧，伯嚭又乘机进谗言，诬陷伍子胥有谋反之心。公元前484年，夫差赐剑给伍子胥，令他自尽。伍子胥仰天长叹：“大王不听我的话，吴国灭亡之日不远了。在我死后，将我的眼睛挖出，挂在城门上，我要亲眼看到越兵打过

伍子胥雕像

来！”后来卧薪尝胆的越王勾践真的率军攻进了苏州城，吴王夫差也自刎而亡。

今日姑苏小桥流水，一派温柔，在两千五百多年前，正是伍子胥“相土尝水，象天法地”，筑就了姑苏城的根基。这座城是温柔乡、繁华里，却也曾鼓角争鸣，见证了伍子胥的不朽功绩与无尽遗憾，也见证了吴国从称霸到灭亡的大起大落。

拓展问答

爸爸，为什么伍子胥被称为“苏州古城之父”呢？

当年伍子胥不辞辛劳，充分考察了地理和水文条件。他认为太湖东岸的丘陵和平原之间：西面有湖泊、丘陵为屏障，不利于楚国进军，且能为筑城提供大量石料；吴中平原沃野、鱼米之乡，正是绝佳的大后方。于是，伍子胥在此构筑了周长四十七里的大城和周长十里的内城。伍子胥对苏州的水利建设也做出了巨大贡献。“胥溪”“胥浦”的开掘和疏通，既避免了吴中地区的水患，又便利了当地的漕运和灌溉。所以说，建筑苏州城确实是伍子胥的一大功劳。

除了胥门、伍子胥纪念园，苏州还有哪些地方也和伍子胥密切相关呢？

胥口地名也是因伍子胥而设的。传说伍子胥的尸体被抛入水中后竟逆胥江而上，到了太湖的入湖口附近，在一座桥洞口久久盘旋，不肯离去，似是眷恋故土，不肯流向敌国。那里的百姓把他的尸体捞上岸，安葬在附近的一座小山上，即名胥王山。为永远纪念这位吴国忠臣，百姓不仅将他们生活的地方更名为胥口，还建起了胥王庙。这些民间传奇故事，流露出的是百姓对于伍子胥的感佩与纪念。

课外活动

去伍子胥纪念园找一找纪念伍子胥的诗碑，并认真地读一读。

胥王庙

3 端午习俗

苏博士导读

你们猜猜苏州的端午节有什么与众不同的地方呢？

端午节不都是吃粽子、赛龙舟吗？哪有什么不同！

苏州的端午节纪念的不是屈原，而是伍子胥。

当年伍子胥被吴王夫差赐死后抛入江中，沿江漂至胥口，当地民众捞起予以厚葬。每年端午节，来自世界各地的伍氏后人都会来这里举行祭拜仪式，同游客一起向胥江抛粽子。

苏博士，我都落后了，快给我补补端午节的知识！

苏博士课堂

农历五月初五是一年一度的端午节。端午节源自天象崇拜，由上古时代龙图腾祭祀演变而来，仲夏端午呈现“飞龙在天”的星象，故被古人视为祭祀龙祖的吉日。后又注入夏季时令“祛病防疫”的风尚，人

们更在节庆中寄寓着祈求健康、平安的美好心愿。而在北方，端午节也曾被视为“恶月恶日”。人们认为，端午日与夏至日临近，这一时期各种毒虫都会出现，于是形成了“躲午（五）”习俗，后来以讹传讹，就叫成“端午”。端午节的起源涵盖了古老的星象文化、人文哲学等方面内容，蕴含着深邃丰厚的文化内涵，而在其传承发展中又杂糅了多种民俗、节俗内容。

苏州端午节承载着吴地百姓对伍子胥的深切纪念。随着社会经济文化的发展，以纪念伍子胥为始的端午节也逐渐演化成苏州一年一度的盛大节日，形成了一整套与当地自然条件、生产生活、经济特征和文化发展状况相对应的端午民俗活动，例如赛龙舟、包粽子、采草药、挂艾叶、挂菖蒲、佩百索等。这些民俗活动既反映了苏州深厚的历史文化积淀，又表现出苏州人适应自然、改善生活的智慧。

苏州的龙舟竞渡最早起源于“胥门塘河”，就是今天的胥江。清代诗人有“五月胥江怒，水嬉欢竞渡”的咏叹。到了清朝，苏州端午赛龙舟活动盛极一时。古老的胥门城墙下，胥江河上彩旗飘扬，坐上龙舟

的小伙们个个精神焕发，将窄窄的龙舟划得如离弦之箭，让胥江里的水花随着激昂的鼓点肆意飞溅，吸引了众多百姓摇旗呐喊，为健儿们加油鼓劲。年年端午划龙舟，反映的也是人们年年期盼好人永生的美好愿望。

吃粽子也是苏州人家过端午时的一个重要习俗。每到端午节，家家户户都少不了吃粽子，不少苏州老人还会自己动手包粽子，想吃什么口味全凭自己做主。在吴地端午民俗文化节上，巧手裹粽比赛更是重要内容之一。

2009年9月，联合国教科文组织正式审议并批准中国端午节列入世界非物质文化遗产名录，端午节也成为中国首个入选世界非遗的节日。

拓展问答

端午节时，我还和奶奶学着绣了一个精美的香囊！

苏州端午节有戴香囊的风俗。古时绣制香囊是一项极重要的女红。吴地的女子个个都是巧手，每到端午节前夕，她们就要早做准备，在自己做好的香囊上设计好新奇的纹饰，再巧加刺绣，有双鱼、花草、珍禽、瑞兽、蔬菜、瓜果等吉祥图案。香囊多以棉布、丝绸为材，工艺讲究，玲珑可爱。端午佩香囊也有驱虫、避瘟、防病等实用功能。夏季，各种传染病开始流行，用中药制成香囊拴在孩子们的衣襟和肩衣上，可以起到很好的预防作用。

端午节食粽子是中国的传统习俗，粽子也是中国一种特色的节令食品。但听说粽子也不是中国独有的？

世界上许多国家都有吃粽子的习惯。秘鲁人是在圣诞节吃粽子的。全家人围坐在一起，一边欢庆圣诞节，一边吃粽子。据说，一些已经出嫁的女儿也要赶回娘家，再来品尝母亲制作的风味独特的粽子。缅甸人也爱吃粽子，但他们的粽子没有节日文化色彩，只是作为一种食品而已。这种粽子以糯米做主料，以熟香蕉和椰蓉为馅儿，香气诱人，软酥酥，甜滋滋，别具特色。日本的端午节是阳历的5月5日，他们的粽子主料是磨碎的米粉而非糯米，其粽子形状酷似纺锤。

课外活动

在家长的帮助下试着包几只粽子，再和大家一起分享吧！

4 万年桥变迁

苏博士导读

《姑苏繁华图》里胥门边上的万年桥真是气派得很！

万年桥是“三吴第一桥”，画家都把它当作苏州的楷模呢！

《姑苏繁华图》中的万年桥上还有一副对联，上写“水面忽添新锁钥，波心仍照旧舆梁”。“新”“旧”二字似乎暗示着以前已经有一座古桥？

其实关于万年桥有很多有趣的传说，今天，让我们一起走近这座传奇的万年桥。

《姑苏繁华图》中的万年桥

苏博士课堂

苏州水城的美，离不开水上一座座姿态优美的桥。桥梁之美，在于造型，在于雕饰，在于它与水相依的柔情，在于它所蕴含的诗情画意。“二十四桥明月夜，玉人何处教吹箫”，扬州的二十四桥曾见证了扬州的繁华风流，而说起苏州的桥梁，唐时白居易就有诗云“红栏三百九十桥”。要是细数苏州的桥，万年桥必定排得上名号，素有“桥中状元”的美称。它位于苏州城西胥门外，横跨城外的护城河，风情万端的背后藏着扑朔迷离的身世。

最早的万年桥是什么样子的呢？颇有争议。有史料记载，万年桥前身是胥门外的钓桥，应在明代初期时就有了，而之后曾一度被拆毁，其中的故事就十分曲折了。传言苏州百姓认为胥门直对狮子山，而狮子山就好似活狮子，造了桥，这狮子就会过桥跑到城里害人，不利于城郡的发展；毁了桥，狮子就进不了城了。另有传闻说，万年桥因为造得太

美、太气派了，被明朝奸相严嵩看中了，苏州知府为讨严嵩的欢心，竟招来工人，把万年桥拆得一块石头也不剩，把那些石头用船全部运到了严嵩的家乡——江西分宜县。苏州西南郊的老百姓却苦了，进出胥门只能靠渡船往来。

虽然万年桥什么时候毁圮、为什么毁圮，众说纷纭，其重建也在争议中一次次被否决，但在乾隆五年（1740），苏州来了一个清官——新上任的知府汪德馨。他力排众议、拨出专款，主持建造了这座横跨胥门外城河的大桥。这是一座气势雄伟的三孔型石桥，桥堍有石牌坊，并题词“三吴第一桥”。它不仅方便了百姓交通，更重现了“金阊门，银胥门”的富丽繁华。

如今呈现在我们面前的万年桥，又已经过坍圮、重建的历程。这座于2004年重建的三孔石拱桥雄伟秀丽，保持了淡、素、雅的苏州特色，好像一条白龙横卧在水面上，栩栩如生，展示着它不凡的风姿，留驻着美丽传说和风雨记忆。

拓展问答

“万年桥”这个名字真有着天长日久的寓意呢，万年桥的桥名是怎么来的呢？

这里面也有一个有趣的传说。相传大桥刚造好时，恰好乾隆皇帝下江南，当地官员都想请皇上赐名。乾隆想了半天也没定下个称心如意

的名字。后来，他于大桥附近微服私访，正好看见有个新娘要上桥，旁边有人喊：“新娘子，过新桥，千年富贵万年桥。”乾隆一听，连连叫好，就给它起名“万年桥”了。但是这则传说毕竟只流传于民间，正式文献中未见记载。徐士林《万年桥记》中说，桥梁合龙于冬至节前两天，而正式竣工正好是在冬至，冬至是“阳长阴消”的开始，众人欢腾，齐呼万岁，所以请名“万年桥”。

苏州的“万年桥”还参加上海世博会了呢！

万年桥是苏州桥中的典型代表，具有浓郁的苏州味道，所以在2010年，上海世博会苏州展厅就引入了它独特的造型。这座展厅里的“万年桥”成为苏州馆的“镇馆之宝”，吸引着无数中外游客驻足、留影。

课外活动

万年桥姿态优美，将它独特的造型画下来吧！

现今的万年桥

盘门关键词

★ 北看长城之雄，南看盘门之秀

★ 水陆城门、瑞光塔、吴门桥、唐井

★“冷水盘门”

★ 杨荫榆

第四单元

盘门风云

1 水陆城门

苏博士导读

你们知道全国保存最完整的水陆古城门是哪个门吗？

是我们苏州的盘门！

不错。两千多年前始建、元代重建的盘门，至今还保留着水陆城门的精巧结构。甚至城墙上的雉堞、垛口、射孔、炮洞、闸门、绞关石等都仍历历在目。

古城苏州看盘门，“盘门三景”吸引着众多中外游客前来观赏，今天我们也去一探究竟！

苏博士课堂

盘门是苏州古城唯一保存完整的水陆城门，其结构之精巧、风光之秀丽，令世人折服。“北看长城之雄，南看盘门之秀”，说的就是我们苏州的这座盘门。

盘门是阖闾大城的八座城门之一。盘门之名亦颇有深意。据说，吴国方位属辰，辰属龙，而越国方位属巳，巳属蛇。吴国便取“以龙克蛇”之意，在西南城门上置木质九曲蟠龙一条，在南大门上置木刻长蛇一条，以示越国臣服于吴国。于是，悬挂蟠龙之门被称为“蟠门”，悬挂长蛇之门被称作“蛇门”。而后来，低调的苏州人或许因为担心“龙蟠水陆”之豪气太过招摇，又因城门“水陆相半、沿洄屈曲”，遂名盘门。

盘门的陆门分内外两重，中间呈“口”字形的瓮城是盘门的精彩之处。盘门瓮城的建筑艺术十分高超，瓮城垣面宽不一，且瓮城的门和城门不在一条直线上，这样的设计可以在一定程度上减缓敌人的进攻速度，使得盘门固若金汤、易守难攻。

而盘门的水门更藏奥妙。与陆门一样，水门也分内外，两个门洞套在一起，位于内城河弯曲处。两门各置一闸，可在城上启闭。水门与陆门有一大不同，便是方向偏东。因为苏州西南多山，每逢洪水季节，大水必从西南而来；偏东，便可避开洪峰，减少冲击。如遇暴雨，城内积涝，也易于排泄。平时，水道可通舟楫，一遇战事，便可紧闭闸门，隔绝内外。且水道狭窄，城门又不高，阻止了大型作战船的通过，这一设计又可谓匠心独运。

水陆盘门体现了古人因地制宜的建筑智慧，极具历史文化价值，是我们苏州人民的骄傲！

拓展问答

苏博士，我看到内陆门的拱洞上有“品”字形的小井，那是什么？

那是为对付敌方火攻而设置的灌水口，是防火用的设施。

苏博士，盘门为什么能够保存得这么完好呢？

其实元朝时，统治者因担心百姓据城反抗，曾下令把各地城墙拆毁，盘门也未逃过浩劫。到了元末，群雄并起，张士诚据苏州，大修城墙，盘门乃一重点，还增建了盘门瓮城。而且盘门设计精巧，建筑牢固，所以在历次战争中没有受过大伤。现在，经过整修的盘门已经成为苏州古城的象征之一，供后人瞻仰。

盘门瓮城

课外活动

去盘门走一走，仔细观察，想一想，盘门凝结了哪些建筑智慧？

2 瑞光塔与吴门桥

苏博士导读

在盘门一带，除了著名的水陆城门，还有两个地方和水陆城门并称“盘门三景”。你们知道这两处景观是什么吗？

盘门的水陆城门和瑞光塔、吴门桥，组成了驰名中外的“盘门三景”。

不错。古门、古塔、古桥，雄伟中透着秀逸，见证了苏州城深厚的文化积淀。

听说瑞光塔里还藏着不少历史宝藏呢，我们一起去探险寻宝吧！

苏博士课堂

站在盘门城墙上，驰目东北，可见一塔高耸，在蓝天白云的衬托下，显得更加古朴、庄严、雄伟、秀逸。这就是苏州著名古塔——瑞光寺塔。

瑞光寺塔，俗称瑞光塔。瑞光寺，初名普济禅院。志书记载，是三国吴赤乌四年（241）孙权为迎接西域康居国僧人性康而建的。赤乌十年（247），孙权为报母恩又建十三级舍利塔。而根据塔内砖石铭刻和出土文物考证，今塔约北宋景德元年（1004）建，约天圣八年（1030）落成。相传塔上常常绽放五彩霞光，灿烂辉煌，所以起名“瑞光”。历经风雨，寺院已毁，唯有塔独存。

塔形呈楼阁式，砖身木檐，八面七级。塔身底层有青石须弥座，镌有狮兽、人物、如意、流云，简练流畅，生动自然，堪称宋代石雕佳作。第三层为全塔的核心部位，砌有梁枋式塔心基座，倚柱、额枋、壁龛、壶门等处还有宋代粉彩壁塑残迹。一批五代和北宋初期的珍贵文物也正是在第三层塔心的砖龛内发现的。

在盘门的东南角，蓝天碧水之间，可见一座长虹似的古桥——吴门桥。吴门桥是苏州市区现存最高的一座单孔石桥。据载，宋朝时郡人石氏为结束盘门摆渡的历史，出资兴建了“新桥”，这就是吴门桥的前身。因为吴门桥横跨古运河，是出入盘门的必经通道，有吴中门户的意思，所以被称为吴门桥。吴门

桥下，偶有船只缓缓行过，真是“舟行碧波上，人在画中游”！

碧野先生在《盘门三景》中写道：“盘门雄壮、吴门桥明丽、瑞光塔娇媚。盘门的水陆双门，吴门桥的横跨两岸，瑞光塔的临流照影，由滔滔的京杭大运河连结在一起。这盘门三景是完美的整体，不仅给苏州增加美丽的色彩，而且也将给祖国添上一颗明珠。”美不胜收的“盘门三景”在人们心中留下了美好的向往和美丽的印记。

拓展问答

瑞光塔里曾有许多珍贵的文物，苏博士，您能给我们介绍一下吗？

1978年4月，苏州文管部门在该塔第三层塔心的砖龛内发现了许多珍贵的文物。经过鉴定考证，这批文物有唐、五代和北宋时期的经书、黑漆嵌螺钿经箱、真珠舍利宝幢、铜佛像、泥菩萨、铜质金涂塔、琥珀印章等。1989年1月，又在塔内发现石函，内置木函，里面装有经书及大量古代钱币。

我听奶奶唱过小调《苏州景》：“枫桥寒山寺，夜夜听钟声，五百名贤沧浪亭，七塔八幢好风景，宝带桥环洞数勿清。”这“七塔”里有瑞光塔吗？

“七塔”的说法有众多版本，而且许多塔也都在历史变迁中坍圮，无处可寻了。现存的北寺塔、瑞光塔、虎丘塔、双塔、灵岩塔、上方山楞伽塔都是苏州的古塔名迹。苏州民间还有“七塔八幢九馒头”的谚语。与塔相比，幢的规制较小，亦为砖砌石筑。苏州城内现仅存相门内甲辰巷中的一座，幢为八角形，砖砌实心，径约一米，顶已毁，仅存四层，高三米余，每层有壶门、直棂窗，通体未施粉刷，显得苍老古朴，富有宋代建筑的特色。现已被列为市级文物保护单位。

瑞光塔

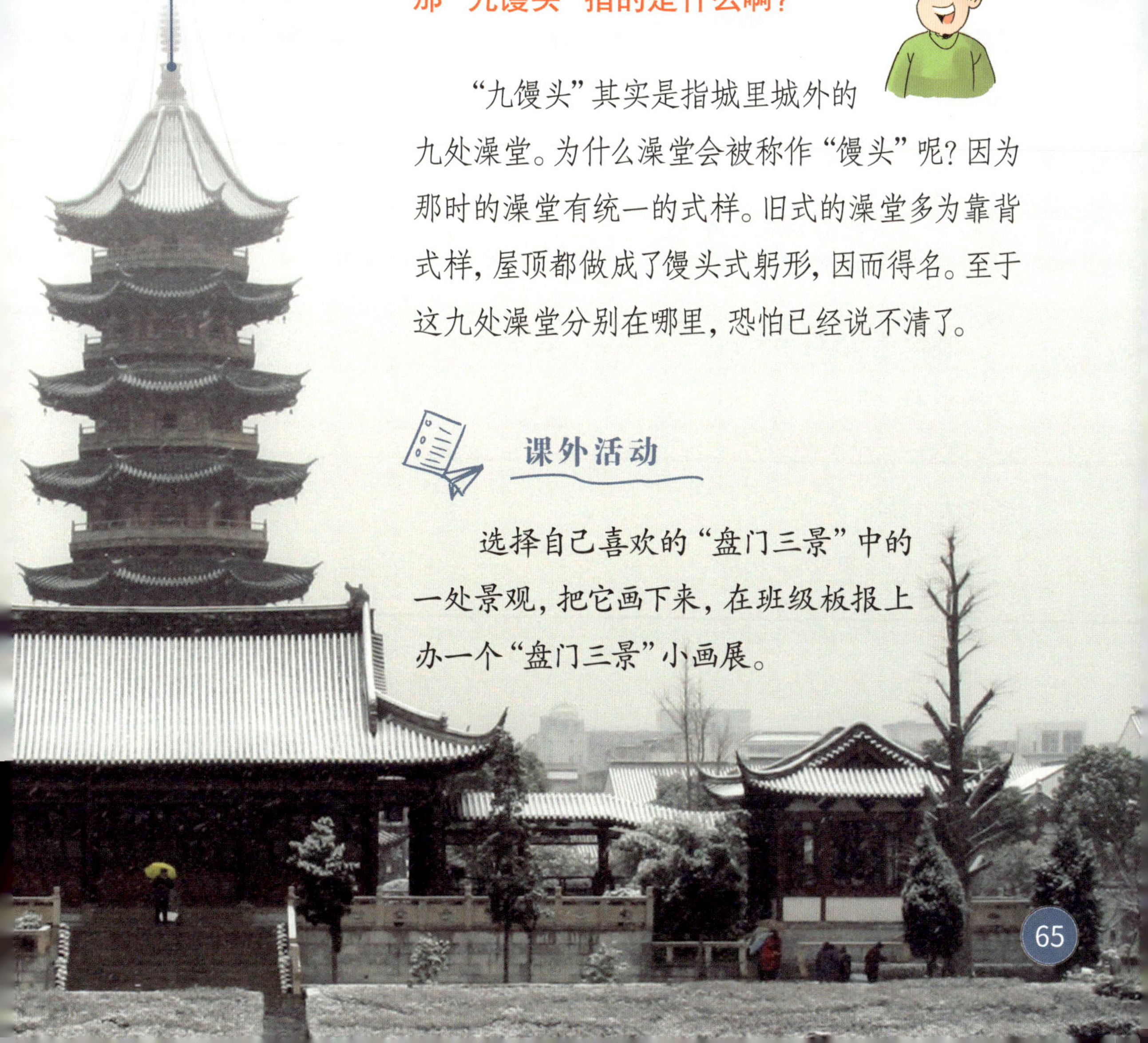

那“九馒头”指的是什么啊？

“九馒头”其实是指城里城外的九处澡堂。为什么澡堂会被称作“馒头”呢？因为那时的澡堂有统一的式样。旧式的澡堂多为靠背式样，屋顶都做成了馒头式躬形，因而得名。至于这九处澡堂分别在哪里，恐怕已经说不清了。

课外活动

选择自己喜欢的“盘门三景”中的一处景观，把它画下来，在班级板报上办一个“盘门三景”小画展。

3 唐井

苏博士导读

我们苏州地处江南水乡，水资源丰富，你们看见过水井吗？

我奶奶家住的巷子里就有一口井，奶奶说她以前洗菜洗衣都是在井边，夏天还可以把西瓜沉在井里，吃起来特别爽口。

我看见很多古井的井栏边还雕刻着精美的花纹呢！

那你们知道盘门景区里藏着一口古井吗？今天就让我们去探探古井的奥秘吧！

苏博士课堂

苏州虽是江南水乡，河道纵横，取水方便，但苏州先民很早就懂得挖掘水井，使用清洁、温度相对恒定的井水。如果说苏州的河道是苏州人的命脉，那么苏州的井则贮存着滋养生命的乳汁。姑苏人家的生活起居离不开一口井。

在盘门景区四瑞堂西北角，藏着一口古井。井的周围用大青石砌成，呈圆形。别看它体积不大，年纪却超过了一千岁。这口古井是在唐朝时期开挖的，现在已经成为盘门一宝，称为唐井。它是苏州古城内目前发现的年纪最大的古井。

原先这口井已经被埋在地下了，在1984年整修瑞光塔及周边建筑时，工作人员意外发现了它，让它得以重见天日。经过当时文物部门对古井结构的考证，确认为唐代遗留下来的，这可能是当年普济禅院僧人的生活用水井。

除了唐井，苏州的古井还有很多。例如被历代文人骚客咏叹的吴王井，相传为春秋末年吴王夫差开凿，圆形砖砌，井中水十分甘洌，煮茗甚佳。传说，西施常坐在吴王井边，临水照影，以井水为镜梳妆打扮。离吴王井不远，还有一口智积井，呈八角形，因是南朝梁智积和尚修浚，故名。吴王井一曰“日池”，智积井一曰“月池”，是灵岩山上有名的双井。而在洞庭东山的柳毅井相传为龙宫的入口，神话故事《柳毅传书》中柳毅就是自此井进入龙宫的，至今已有千余年历史。明代东山大学士王鏊曾手书“柳毅井”三字石碑，至今尚存。

苏州的一口口古井，承载着古城的文明与历史，追溯着市井生活和人文风俗，是古城独特的文化符号。对于这些古井的保护，不仅仅是维修、清淤等，文化的传承更为重要。

拓展问答

苏州的古井有多少呢？

据记载，清朝时期，苏州光古城区就有两万多口井，但经历了许多战争后，不少古井渐渐消失了。

苏州人的风俗习惯有和井相关的吗？

苏州人十分敬重井。相传，古时候，苏州人离家远游前都要从井边挖取一把泥土带在身上。

而除夕夜里，家家户户一定要把家里的水缸都用井水装满才能坐下来吃饭。除夕夜的最后一件事情是封井，拿一个竹筛子扣在井圈上，铺上红纸，纸上放好供神的茶和酒及各色水果、糕点。在大年初一或者初三，还要点一张井神图送井神回天庭。

仓街·福寿泉

专诸巷·源源泉

玄妙观·五代古井

我发现苏州古井的井栏圈造型也多种多样呢!

苏州的古井大都置有井栏圈,基本形态以圆筒形和六角形居多,常见的还有八角形、方形,在此基础上还衍生出更具艺术性的外方内圆形、葫芦形、匏瓜形、盂形和莲花形等。而通过数口水井的组合,田字形、品字形、双圈形和三圈形的组合形态也有出现。同学们细心观察和总结,就能发现苏州古井的装饰之美。

课外活动

寻找街巷里的古井,了解它的前世今生,并记录下来。

虎丘山·响师虎泉

灵岩山·吴王井

4 “冷水盘门”

苏博士导读

同学们，今天苏博士要继续带你们去畅游盘门，了解盘门的历史故事，你们想听吗？

我听爸爸说，盘门那一带，以前是非常荒凉的，农民们在那里种菜，部队士兵在那里练习射击，可不像现在这样繁华。

文文说的就和“冷水盘门”的说法有关了！今天就让我们再次走近盘门，走近那扇古老而又神秘的城门。

苏博士课堂

苏州人提到盘门时，往往会有“冷水盘门”一说。这是为什么呢？有一种说法是，盘门一带人气冷清，到处是荒芜的洼地，简陋、破旧的房屋，所以才得了这个“雅号”。

其实，盘门一带在历史上曾经十分兴旺。作为当时的八城门之一，它的陆门、水门都连着陆路、水路，是出入苏城的要道。此外，盘门一带还有瑞光寺、开元寺等很能聚集人气的寺庙，足以说明这里曾经的繁华。

但到了南宋初年，金兵攻打杭州，折回的时候从盘门进入苏州城，随后烧杀抢劫，城内建筑几乎都被烧光了，盘门也跟着冷清了下去。好在当时已经有了“进入吴门第一桥”的吴门桥，盘门的交通优势仍然十分明显。没过多长时间，这里又再度兴旺。诗人范成大曾用“人语嘲喧晚吹凉，万窗灯火转河塘”来形容这一带的繁华之景。

元朝末年，朱元璋派兵攻打在苏州称王的张士诚。在长达10个月的围城战役中，繁华的盘门毁于大火，自此人烟稀少，一片萧条。清代诗人袁学澜《续咏苏州竹枝词》感叹道：“一树垂杨一画楼，盘门烟户本来稠。自从元末遭兵劫，寥落居民冷水流。”“冷水盘门”之名可能从那时起就开始流传了。

在之后的岁月里，盘门又几度遭遇浩劫。多次的冷落，让盘门内许多地方都变成了农田，古塔凋零，城门破旧。部分城墙坍塌，上面长满了杂草，十分荒凉。

为保留古城风貌，供人们参观研究，1986年10月1日，经过整修的盘门景区对外开放，这一年，苏州刚好建城2500周年。如今，盘门景区游人如织，或登城楼眺望，或入茶室品茗。水陆盘门依然雄伟秀丽，千年吴门桥横跨两岸，八面迎风的瑞光塔映射霞光，“冷水盘门”一带已从人烟稀少的历史古迹变为了休闲观光的旅游胜迹。

拓展问答

听说，盘门还入选了江苏“最美运河地标”呢！

是的，“最美运河地标”是大运河江苏记忆的现实载体，也是“一条河尽显江苏之美”的具象表现。它们是大运河江苏段地位重要、特色鲜明、独具魅力的文化标识和符号，是荣誉，更是责任。除了盘门外，宝带桥、全晋会馆、山塘河历史文化街区和枫桥也入选了江苏“最美运河地标”。

苏博士，盘门历史悠久，这一带发生过值得铭记的往事吗？

在盘门的历史上，有一位名人值得铭记——杨荫榆，她是杨绛的姑母。杨荫榆是无锡人，早年在苏州景海女塾求学两年，后留学海外，颇受现代知识的熏陶，学成归国后，成为中国近代史上第一位大学女校长。她在离任北京女子师范大学校长后至苏州女子师范学校任教，并在东吴大学、苏州中学兼授外语，因此把家安在了苏州。抗战爆发后，日军侵占苏州。杨荫榆因颇具影响力，被侵华日军要求出任伪职，但这一要求遭到她的严词拒绝。面对侵华日军在苏州烧杀抢掠的暴行，杨荫榆还曾几次到日军司令部提出抗议。有一天，几个被日军追逐的妇女逃至盘门新桥巷的杨荫榆家，杨荫榆勇敢地站出来当众斥责日军的暴行，保护了这些中国妇女。凡此种种，刺激了日本侵略军，杨荫榆也成为日军的眼中钉。1938年1月1日，两名日军以司令部传见为借口，把杨荫榆诱出家门，行至盘门外吴门桥时突然向杨荫榆开枪，并把她抛入河中。她不畏强暴的言行表现了中华儿女威武不屈的爱国气节。

课外活动

读一读著名散文家碧野先生的《盘门三景》，感受盘门一带的古今变化，并拍摄盘门的精彩照片吧。

社会实践课　城门深度游

苏博士去哪儿

阊门、胥门和盘门是苏州非常具有代表性的三座城门，了解了这三大城门的历史，哪座城门给你留下了最深刻的印象呢？

当然是阊门，它可是曾经繁华姑苏的缩影！如今，阊门一带也依然流光溢彩，夜晚的石路到处灯火辉煌，北码头还有一片民国风情的建筑群。

古朴的胥门给我留下了很深的印象。胥门与伍子胥有着紧密的联系，伍子胥纪念园里的石柱讲述着伍子胥的生平、功绩，胥门附近的百花洲公园在南宋时是接待外国使臣和高官显宦的园林，它们都见证着悠久的历史。

我最喜欢水陆盘门，它的水门、瓮城实在凝结了太多古人的建筑智慧，而且至今保存完好，有机会的话，我一定要再去好好研究。

在初探城门之后，每个人心中都留下了一个对城门的美好印象。大家想必还意犹未尽，今天苏博士给大家研制了三条城门深度游的线路！

微旅游路线推荐

阊门深度游

阊门——北码头民国风情街——渡僧桥——阊门寻根纪念地——南浩街——金阊亭——金门——石路步行街

同学们，你们也可以设计属于自己的城门微旅游路线，出发吧！

胥门深度游

胥门——伍子胥纪念园——万年桥——百花洲公园——苏州大运河遗产展示馆——泰让桥——万寿亭

盘门深度游

吴门桥——陆门——瓮城——水城探幽——唐井——瑞光塔

完成微记录

选择一种完成

1. 制作“微旅行海报”：

   （1）拍摄城门深度游的精彩照片；

   （2）为自己的海报设计精彩LOGO；

   （3）在班级里举办一个海报设计展，分享精彩的海报设计。

2. 制作“微旅行宣传册”：

   （1）拍摄城门深度游的精彩照片或者手绘重要景点；

   （2）为重要景点配上独具特色的解说词；

   （3）在宣传册的封面上设计一句具有吸引力的宣传语。

蛇门关键词

★ 吴越之战

★ 敬修与觅渡桥

葑门关键词

★ 葑门横街、葑门敌楼、“水八仙”

★ “葑门第一家”——彭家；尤侗

相门关键词

★ 干将、莫邪

★ 苏州城墙博物馆

娄门关键词

★ 娄江；永安桥、永宁桥；“烟波胜赏”牌楼

★ 韩菼；娄门蒋氏

第五单元

城门风采

1 蛇门与觅渡桥

苏博士导读

苏博士，上次您给我们介绍盘门的时候提到了悬挂长蛇之门——蛇门。我去过阊门、盘门、胥门等，可从来没去过蛇门啊！

蛇门在哪儿？我很想去看看呢！

我也很好奇，蛇门背后又藏着什么有趣的故事呢？

大家别着急，今天我们就去探寻蛇门迷踪。

苏博士课堂

在伍子胥最初建成的八座水陆城门里，有一座城门叫作“蛇门”。之所以叫蛇门，是因为此门所处位置为巳位，巳属蛇。它与方位属辰（辰属龙）的盘门相应，以示龙克蛇、吴克越之意。《吴越春秋》中就记载了吴王夫差在蛇门外送越王勾践回国的故事。

春秋末期，吴越两国发生了多次战争。公元前496年，吴王阖闾率

军攻越，双方主力战于槜李。越军大败吴军，吴王阖闾负伤身死，夫差继位为王。两年后，越国又以水军攻打吴国，越军战败，主力被歼。吴军乘胜追击，占领越都会稽。越王勾践率余部五千被围于会稽山上，山穷水尽，只能请降。伍子胥认为“今不灭越，后必悔之”，而夫差急于北上中原争霸，又听信伯嚭给越国说的好话，未采纳伍子胥建议，以越王质吴为条件，许诺越降撤兵。于是勾践夫妇为吴王“驾车养马”，执役三年，最终赢得夫差信任，获释回国。

吴王夫差之所以选在蛇门送勾践回国，想必也自有深意。一方面，越国在吴国的南面，蛇门本在南面，从蛇门回去更为便捷；另一方面，蛇臣服于龙，夫差或许是想让勾践牢记臣服于吴国这一点。但是万万没想到，这一送，竟是放虎归山。勾践回国后奋发图强、休养生息，表面上对吴国恭敬无比，让吴国放松警惕，暗地里操练兵马、韬光养晦，最终攻破了吴国都城。

《吴越春秋》中的这段故事给蛇门添了一份唏嘘感慨，而蛇门自身的命运也有着一段悲情。蛇门很早就被废弃了，至今遗迹难寻，连很多文史专家都无法确认蛇门的具体位置。

竹辉桥下的桂花公园里有一段古城墙，1998年公园建成的时候，也把城墙修葺一新，很多人都说，这里便是古蛇门了。但谁也不敢打

包票。毕竟，蛇门的位置在南宋的《平江图》中都没有标识，除非有更多的佐证，才能证实这里就是古蛇门的遗址。蛇门的迷踪还等待着人们继续发掘和研究。

拓展问答

站在桂花公园内的城墙上，可以望见环古城河对面的觅渡桥渡口呢！

是的。我们可以到对岸去，认识一下京杭古运河上十分有名的古桥——觅渡桥。它位于葑门路和南门路的交汇处，是单孔石拱桥，造型优美、工巧精致。1982年觅渡桥被列为苏州市文物保护单位，2002年成为江苏省文物保护单位。周边还设有石亭、雕塑、渡口等，风景秀丽、独具风韵。

觅渡桥这个名字是怎么来的？

觅渡桥，原名灭渡桥，始建于元代大德二年（1298），相传是昆山僧人敬修募捐建成。觅渡桥水段曾经水域宽阔，水急浪高，不靠船舶根本无法通行。船夫趁机欺凌旅客，在风雨晨昏之时掠夺财物，甚至杀人越货。昆山和尚敬修多次遭到船夫的冷遇和敲诈勒索。于是，敬修上诉到官府，治了船夫的罪，同时募捐建桥。桥梁建成后，取名“灭

昆山僧人敬修雕像

渡”，从字面上看，是消灭渡船的意思，从中也可以看出敬修扫除凶暴强横现象的志向。因苏州话中“灭”“觅”同音，故后又称“觅渡桥”。

听说觅渡桥一带发生过很多大事？

觅渡桥具有深厚的历史纪念意义：明朝以丝织工匠葛成为首的抗税斗争在这里爆发；清朝太平天国军队在苏州保卫战中曾在此抵御洋枪队；1895年清政府签订丧权辱国的《马关条约》，苏州被辟为通商口岸，觅渡桥堍曾设立“苏州关”。古老的觅渡桥堍见证了许多风云往事。

课外活动

1. 向家人或朋友讲述蛇门的名称来历以及相关的历史故事。

2. 新的觅渡桥像有力的臂膀保护着犹如年迈老人的古桥，景色优美奇特。带着你的相机，去那里寻找、记录美景吧！

觅渡桥渡口

2 葑门掠影

苏博士导读

今天早上我和爸爸去逛了葑门横街，实在太热闹了。各种新鲜的蔬菜、瓜果、肉禽，应有尽有！

我也喜欢陪奶奶去葑门横街买菜，奶奶买好菜，我也吃了一路的萝卜丝饼、糖藕、蟹壳黄和小笼包啦！

葑门横街是充满市井生活气息的一条街，可以说是舌尖上的一条街了。

同学们，那你们了解葑门吗？其实某种意义上“葑”字就代表着物产的丰饶！今天就让我们一起来了解葑门的变迁和相关的名人风物，领略葑门的风采吧！

葑门横街

苏博士课堂

葑门位于苏州古城东南部，现在十全街的东面。史志上关于它的来历和名称含义的记载很多，其中有两种说法比较盛行。一种说法是“葑门”原先叫“鱄（zhuān）门”。传说越军总攻吴国时，趁台风掀起的巨浪冲毁东门城墙时顺势而入，与此同时，有鱄鲟（fū）随波涛入，此城门遂称“鱄门”。那跟着越军一起进城的鱄鲟是什么东西呢？据专家的考证，其实就是江豚。在暴风雨来临时，因为江面气压变低，所以江豚需频繁露出水面透气，这一顶风出水的现象也使渔民将江豚视为预示天气的“河神”。另一种说法与“葑”的字面意思有关。“葑”一指茭白的根，也指水草丛生的葑田和沼泽。当年的葑门外，地势低洼，盛产水生植物，尤其是茭白，无论是品种还是效益都是全国闻名的。这两种说法都可见葑门自然环境之优越、物产之丰饶，苏州话里称“葑门”为“富门”，也表达了百姓祈求农副渔牧丰收的美好愿望。

葑门外还曾有一座赫赫有名的敌楼，敌楼的旁边有石炮头。“老葑门”回忆，葑门敌楼高约八米，是砖石构筑的方形堡垒；顶端四周砌有雉堞，底边各长约五米，四角与房屋相接；四面各辟宽约两米的拱券门，内部形成十字交叉的孔

道；四门原有门扉，必要时可以关闭，以阻断交通。敌楼顶上曾置有两尊铁炮，可以填上石弹、铁炮弹，再点上火药，猛烈轰击。地名“石炮头”即由此而来。

史书中也有葑门敌楼的相关记载。元末，朱元璋命大将徐达挂帅，率领常遇春等进攻苏州。吴王张士诚死守苏州，作为主战场的葑门，顶住了徐达的一次次攻击。后来刘伯温出了一个点子，让徐达筑起一座大大的敌楼，将它作为进攻葑门的桥头堡和重火力支撑点，这才破了城。

不过当年弥漫的硝烟早已化作现在葑门一带的烟火气，熙熙攘攘的人群、摊贩们抑扬顿挫的吆喝、各式各样的新鲜蔬果和小吃，流溢着苏式市井生活的原汁原味。

拓展问答

听说葑门一带盛产“水八仙”呢！

葑门外地势低洼，大小河流纵横交叉，水沟渠道星罗棋布，给水生植物的种植创造了良好的条件。除了大家熟知的“水八仙”，还不得不提一下葑门外曾经有名的荷花荡。明清时期，每逢农历六月荷花生日，百姓倾城而出，都集于葑门外的荷花荡观荷纳凉。荷花荡中船只挤挤攘攘，岸上没有上船的游客急得团团转，周边笙箫鼓吹，景象热闹非凡。明代文学家袁宏道甚至把“六月荷花二十四”称为“苏州三大

莲藕

菱

茭白

莼菜

奇事之一”。不过，现在荷花荡的盛景也再难寻觅了。同学们可以读一读明代文学家张岱的《葑门荷宕》感受一下。

葑门名人云集，苏博士能给我们介绍一下吗？

当然可以！这其中最响当当的是号称“葑门第一家”的彭家，是清代苏城望族之首。爷爷彭定求在康熙年间，连中会元和状元，还曾奉敕编校《全唐诗》，孙子彭启丰也是连中双元，之后的彭蕴章在咸丰年间拜文渊阁大学士。据说，当年的彭府前曾竖有八根旗杆，大门厅堂高悬“尚书第”金龙匾额。沿河设照墙，大小文武官员路经此地，需“文官下轿，武官下马”，显赫朝野。

还有文学家尤侗（tóng）。他五岁就开始学习四书五经，天资聪颖，人们都称他为“神童”。顺治皇帝曾称誉其为“真才子”。他精通南曲（昆曲）北曲，创作了许多剧本，如杂剧《读离骚》《吊琵琶》《桃花源》《黑白卫》《清平调》五种，以及传奇《钧天乐》，这些作品都是在顺治与康熙年间完成的。后来，他还参与编写《明史》，在康熙二十二年（1683），他在史局以撰述第一的成就告老还乡，归隐苏州。

课外活动

搜集更多有关葑门的传说故事和图片，与家人、朋友一起交流分享吧！

芡实（鸡头米）

荸荠

慈姑

水芹

3 相门与干将

苏博士导读

苏博士，我看到相门城楼上有非常漂亮的匾额，上面的“钧邑相徽”四字写得游云惊龙、入木三分呢！

“钧邑相徽”四个字是什么意思呢？

“钧”指的是吴钩，“邑”是城池的意思，“相徽”指相互辉映、互添光彩。

“相”是不是也隐指“相门”呢？

是的，所以说“相”字用得很妙。其实这块匾额中还透露着相门的身世呢，听苏博士细细道来，你们或许更能读懂这块匾额。

苏博士课堂

钩是古代的一种兵器，以青铜铸成，形似剑而曲，锋利无比。因为相传这种刀刃呈曲线状的曲刀是春秋时期由吴王阖闾下令制造的，所以留下了“吴钩”的美称，它也被认为是冷兵器里的典范。李贺的一句“男儿何不带吴钩，收取关山五十州”，

相门城楼

让每个华夏男儿的心中都涌起万千豪情。而说到吴钩，也就不得不提到和铸剑密切相关的一座城门——相门。

如果穿越回古代，我们肯定找不到叫相门的城门。因古代干将奉阖闾命在此铸剑，所以这座城门最初叫“匠门”。这座气势雄伟的城门让人联想到熊熊的炉火、飞溅的火星、赤红的金属，再远些还有金戈铁马、驰骋疆场，实际上它又始终凝聚着一缕哀情。

传说春秋时期，越国曾派人献三把宝剑给吴王阖闾，阖闾非常喜欢，但他并不满足。以“武功高强”著称的他，十分追捧锋利的宝剑，命令当时著名的炼剑工匠干将再铸两把宝剑。依靠当时的工艺水平，要铸造一把好剑，简直比登天还难。好剑要用好的材料。于是，干将和他的妻子莫邪“采五山之铁精，六合之金英”开始炼剑。但这铸剑材料太高级了，三个月过去了，炉火的温度仍然不足以熔化它们，这令人一筹莫展。可是王命不可违，如果铸剑失败，百余号工匠可都是要掉脑袋的。莫邪想到先师熔化自己的身体以铸成神剑，她也可以效仿，最终毅然投于炉中。顷刻间，炉中的金属熔化成液体，于是铸成了一阳一阴两把宝剑。阳剑名为“干将”，阴剑名为“莫邪”。这两把宝剑吹发断金，锋利无比。到底有多厉害呢？据

干将莫邪雕塑

说虎丘的“试剑石”就是在阖闾试剑时劈开的。

“钩邑相徽”的相门可以说给温文尔雅的苏州添上了另一种色彩，那是一种刚烈的秉性、一种舍身忘我的血性。在霞光万丈下，具有传奇色彩的相门凝铸成苏州坚毅顽强的精神符号。

拓展问答

相门因为干将而得名，为什么以前会叫匠门呢？

匠在古代是手工业者的别称。“将”与“匠”同音、义近，在使用中亦有混用。实际上，“干将”并不是一个人，而是一群人，他们精于兵器制造，所以被安置在苏州城东炼剑，他们聚集的这块地方就被称为匠门。相门外还曾建有一座欧老爷庙，相传是纪念铁匠祖师欧冶的，地下也曾发现大量铁渣等冶炼痕迹，亦可证明历史上这里曾经聚集了很多冶铁工匠。

那这座城门又是什么时候开始叫相门的呢？

这座城门曾一度被废弃，在宋朝的《平江图》上，根本找不到匠门。到了

民国时期，因为战备需要，一条从苏州到嘉兴的苏嘉铁路建成了，苏州城东还设立了一个车站。为了方便交通，1936年8月，就在古代匠门的位置上重新动工建了一座城门，并建造了一座跨护城河的木桥。这座城门就叫相门，这座桥就叫相门桥。至于为什么要叫相门，也没有标准的说法。不过，“相”与“匠”音近，且历史上苏州曾出过六十多位宰相级别的人物，如三国顾雍，北宋范仲淹，明朝王鏊、申时行，清朝潘世恩、翁同龢等，苏州古城的缔造者伍子胥也曾是相国，所以，取名相门还是贴切的。

听说，相门段的城墙与众不同，“肚子”是中空的？

是的，在相门段城墙的“肚子”里，还藏着一座博物馆——苏州城墙博物馆。整个城墙博物馆分为上下两层，分“序厅”“城纪千年”“城门故事”“城里城外”“城头记忆”和“城墙复现”六个展厅，展示了古城墙的历史变迁和考古成果。除了展示苏州城墙历史，博物馆也保存了堪称罕见的珍贵藏品，如战国时期的古夯土城墙标本、汉代水门门臼、《平江图》砖刻及苏州不同历史时期的十九幅古城地图。同学们一定要去城墙博物馆走一走，它能帮助你们更好地了解苏州城门的前世今生。

课外活动

去相门“肚子”里参观一下城墙博物馆，找一找在相门桥堍挖出来的两块门臼石，它们可是汉代匠门的水门基础哦！

4 娄门与它的风物人文

苏博士导读

“阊门昨日看不足，今日娄门花更多。”城门里的学问太多了，即使苏博士给我们介绍了这么多城门，我还是学不够，我们再去参观娄门吧！

好啊！苏州是典型的水城，它的繁荣富庶离不开密布的水道。娄门是一座承担着重要分工的城门，可以说是水上交通枢纽了。

从相门出发，沿着莫邪路往北走就能到娄门了，我们快出发吧！

苏博士课堂

娄门重要的交通枢纽地位与娄江有着密切的关联，它的得名也与娄江密不可分。娄门东

面的娄江，向东经昆山、太仓入长江（太仓段称浏河）。说起娄江，可以追溯到远古时期呢！据说大禹治水让苏州这个地方形成了“三江既入，震泽底定”的样貌。这其中的震泽指的就是太湖；《吴地记》中记载，三江则是指东江、娄江和松江。正因此，苏州从那时起就灌溉便利，形成了延续至今的水乡泽国的面貌；也正因此，苏州有了重要的连接江海的干道。

娄江在古代很宽阔，宋明时期，海外大船可直达娄门口——此口成一湖泊，可泊多艘船只。通过娄江、娄门，苏州的丝绸、茶叶、精美的手工艺品……一一被送上宝船，运往各地。娄门附近曾有一座南北走向的永安桥，其东西两侧楹柱上各有一副对联。东联为“潮接唯亭，绝曲烟波迎画鹢（yì）；市通官渎，万家灯火耀花红”，西联为“鼓棹动来，飞泽湖光涵远塔；扬帆西曲，马鞍山色送行舟”。两联遣词美妙，生动地描述出江南潮连烟波、光照万家、塔影逐帆的水乡景色，宛如画卷，令人陶醉。这便是那时娄门外的真实景象了，无疑是一处繁华的贸易枢纽。

那这“娄”字是怎样来的呢？“娄”字最早的意思是“妇女头顶竹编的器物”。这种形式，在如今的南亚和南美妇女那里依然可以看到。她们从小就学习用头顶东西的能力，长大后，不论是水罐、粮袋、包袱，还是其他东西，她们都不用肩挑、背背或手提，而是放在头上顶着，重量可达几十斤呢！古时候，苏州农夫在田里劳作非常辛苦，妇女们从家里出来为他们送饭，就用头顶着运过去，如果有收获的粮食，也会用头顶着运回来。当时娄江两岸有许多这样的妇女，久而久之，这里就被称为“娄”地、“娄”江了。当然，这也只是一种说法。

如今，娄门城墙在2013年实施修复，上面“江海扬华”四个大字，与娄门桥西南堍牌楼上的“烟波胜赏”遥遥相对，共同守望着一段繁华记忆。

拓展问答

我家住在苏州工业园区，每次去拙政园、狮子林，都会经过娄门，那里还有一座娄门大桥呢！

你知道吗，那里除了娄门大桥，还有一座九百多年历史的永宁桥，那里的居民也叫它永林桥。另外，永宁桥以东原先还有座永安桥，它横跨于娄门塘上，与永宁桥遥相呼应，也有八百多年的历史呢！可惜的是，在风雨沧桑中，这两座有着“两岸夹明镜，双桥落彩虹”之誉的古桥如今都已经消失了。不过，在众多研究者、老居民的支持下，永林社区在娄门附近的娄江河岸立了一块“永宁桥故址”石碑，为苏州古城历史文化保护增添了一抹亮色。

听奶奶说，娄门一带以前可是人才辈出哦！

对呀，其中最著名的就是韩氏家族。他们跟彭家、宋家、潘家齐名，是清朝苏城四大家族之一，也出过状元郎。韩菼（tǎn）在康熙年间考中状元，官至礼部尚书，是当时的大文豪，连蒲松龄的《聊斋志异》里也有记载。他就住在娄门内迎春坊，也就是现在的东北街41—51号。

韩菼

除了韩氏家族，娄门蒋氏也是了不得的大家族。这个家族在明末到清末不足三百年的时间里，至少出了二十一名进士、二十七位举人，著书立说者多如满天繁星。所以，住在这样的福地，读书可要好好加油哦！

课外活动

去娄门桥西南堍参观一下“烟波胜赏”的牌楼，并试着画一画这座气势巍峨的牌楼吧！

社会实践课 古运河夜游

苏博士去哪儿

苏州以水为魂，晚上苏博士要带大家夜游古运河，在夜色中领略苏州古城的另一番魅力。

环古城河到了晚上有一条“灯光风情线”呢！清新淡雅风格的暖白、暖黄色调为主的灯光，分层次渲染周边城楼、桥梁、古建等景观，夜游古运河可欣赏到另一种绚丽繁华之景！

不错，还有“书香门第”“新苏雅韵”“御窑金砖”“桃花坞年画”“倚窗灯影”“白鹭野趣”“三弦琵琶”“织锦纺车”等八大文化灯光小品。这些文化灯光小品将苏城人文历史和景观风貌完美结合，也是不可错过的美景。

听说游船上有穿着旗袍的姐姐弹琵琶、唱评弹，我都已经有点迫不及待了。

哇，游船起航，流水悠悠，夜色幽幽，真是要驶入历史长河了呢！

微旅游路线推荐

新市桥——盘门三景——蟠龙桥——人民桥——南园桥——觅渡桥（原路返回至新市桥）——新市桥——万年桥——姑胥桥——干将桥——景德桥——南新桥——阊门钓桥（原路返回至新市桥）

完成微记录

1. 制作“微旅行记录本”：

（1）拍摄夜游古运河时的精彩照片，将它们贴在记录本上；

（2）在记录本上写下自己夜游古运河的心情感受；

（3）美化自己的“微旅行记录本”，可以手绘一些装饰物或贴上贴纸等。

选择一种完成

2. 制作古运河夜游PPT：

（1）拍摄夜游古运河时的精彩照片或者短视频；

（2）将图片素材、文字素材和视频素材等制作成PPT；

（3）在班级里进行PPT展示，比一比谁的PPT做得最有特色。

齐门关键词

★ 必葬我于虞山之巅，以望齐国。——《吴越春秋》

★ 王大珩

平门关键词

★“齐泰平和”；平门桥

★ 苏州火车站、苏州历史名人雕塑园

第六单元

齐门平门

1 齐门历史

苏博士导读

周末我去了灵岩山玩，了解了很多西施的故事。附近至今还有与西施有关的遗迹呢！如馆娃宫、西施井、采香泾……

其实有一座城门传说也和西施有点关系。它就是齐门。

可是我听爸爸说，齐门的命名源于一位齐国公主？

齐门是苏州特别具有历史韵味的一座古城门，关于齐门流传着许多动人的故事。今天就让我们先来了解一下齐门与这两位女子的传奇故事。

苏博士课堂

有一座城门，曾是一位远嫁吴国的公主的思乡之地，城头上渗满苦涩的泪水。

齐门段城墙

有一座城门，曾是范蠡带着绝色佳人西施出走之地，城门后传出解脱的笑语。

这座城门，就是苏州古城北大门之一的齐门。

齐门，又叫望齐门，“齐”就代表着齐国。古时苏州城是吴国的属地，为什么地名里面却带着“齐”字呢？听了下面这个故事，你就知道来龙去脉了。

提起齐国，很多人都会想到春秋五霸之一的齐桓公，他任用管仲为相，推行改革，使齐国强盛起来。可到了齐景公的时候，齐国的地位已经日益下降，再无缘霸主之位。齐景公心中也有恢复齐国霸主地位的梦想，早年的景公勤政爱民，善于纳谏，他任晏婴为齐相，渐渐恢复齐国的国势。但是后来的齐景公贪图享乐，不仅好犬马声色、大造宫室，而且加重税赋以供自己享用，内忧外患间，他非但不体恤民情，还坚持与晋国争夺霸主之虚名。就这样，齐国虽一度呈现国力复苏的景象，但由于景公沉迷享乐，复苏的火苗再度熄灭。

与此同时，雄心勃勃的吴王阖闾依靠大臣伍子胥和孙武的辅佐，让吴国迅速强盛起来。吴国伐楚归来后，齐王内心震恐，十分担心齐国成为吴国的下一个讨伐目标。面对来势汹汹的吴国大军，齐景公不得不提出，把心爱的小女儿嫁给阖闾的大儿子太子波，以此求和。吴王阖闾满口答应，他心里很清楚，齐国公主嫁过来，其实相当于做人质。一旦齐国对吴国做出不利的举动，吴国就可以对齐国公主采取强硬手段。

从此，年少的齐国公主只好

远离家乡，来到人生地不熟的吴国。一开始还好，再陌生再寂寞，总还有太子波陪伴。不料，太子波早早去世，年纪轻轻的齐国公主没有了精神寄托，天天以泪洗面，无时无刻不在思念自己的故乡。

为了减轻公主的思乡之苦，吴王阖闾让工匠在阖闾大城最靠近齐国的地方开辟了一座城门，并在城门上建造了九层飞阁，这样公主就可以登高，远望故土了。因为这里就是齐国公主远望齐国的地方，所以被称为望齐门或齐女门，简称齐门。

拓展问答

当时吴国真能在齐门上建造起九层的楼阁吗？

九层飞阁有三四十米高。古代的能工巧匠早在春秋战国时期就掌握了高超的建筑技术，可以通过榫头接榫头等办法，把房屋往高里造、往大里造，所以古代工匠在齐门上造九层飞阁是有可能实现的。

齐国公主能站在齐门上看见故乡吗？

吴、齐两国相距千里，虽然齐门建得很高，但齐国公主其实是无法看见故乡的。齐国公主思念不止，日夜号泣，结果积郁成疾，很快就去世了。临死的时候，她立下遗嘱：

一定要把我葬在虞山之巅，让我的灵魂可以远望齐国。现在常熟虞山上仍有齐女冢的古迹，清康熙初重葺，顾嗣立题“臣心拱北”额。

苏博士，您别卖关子啦，西施和齐门到底有什么故事呢？

传说，越国灭吴后，范蠡意识到“飞鸟尽，良弓藏；狡兔死，走狗烹”，深知越王勾践不是可以同甘共苦的君主，于是就带着西施一起逃到了齐国。民间传说，他们俩就是从齐门一起出走的。现在齐门外有个地方叫蠡口，就是范蠡去齐国时经过的河道口子。

课外活动

齐门桥附近建有“望齐台”牌坊，细心的同学们快去找一找，牌坊上的文字藏着什么历史故事，和大家一起分享吧。

2 “两弹一星”元勋王大珩

苏博士导读

每到一个地方，我都想打探一下那里的名人，苏博士您能和我们讲讲齐门一带出过的名人吗？

对啊，娄门一带人才辈出，有蒋氏家族、韩氏家族，不知道齐门能不能比得上！

齐门可出了一位让苏州人自豪的大科学家！

我都等不及想听他的故事了，苏博士您快说吧！

苏博士课堂

今天介绍的这位大科学家是我国近代光学工程的重要学术奠基人，他是中国科协副主席，中国科学院、中国工程院院士。他主持制成了中国第一台激光器、第一台大型光测装备和许多国防光学工程仪器，荣获“两弹一星功勋奖章”，号称“中国光学之父”。他就是著名科学家王大珩（héng）。

王大珩祖父在临顿路、齐门路交叉口的跨塘桥旁开设“王大元米行”，家也安在那里。因此，王大珩“祖籍”可算是齐门的。他的父亲叫王应伟，曾留学日本，是中国天文学会创始人之一。

1938年，毕业于清华大学物理系并考取留英公费生的王大珩抱着科学救国之心，到英国帝国理工学院攻读应用光学。1942年，他正在攻读博士学位，当了解到祖国的科技发展急需光学玻璃工艺，便毅然放弃攻读博士学位，到英国一家光学玻璃公司任研究员。随后，他回到中国，把他的所学全部奉献了出来，带领长春光机所的科研人员成功研制出高精光学仪器及系列有色光学玻璃。可是在成果申报书签字时，他却淡淡一笑，把申报书连同到手的荣誉一起轻轻地推开了。他对自己的功劳很少提及，甚至只说自己是“协同研制”。他向来以国家利益为重，从不计较个人得失。

20世纪60年代初，研制“两弹一星”需要一台大型精密跟踪电影经纬仪。这是很复杂的高端设备，其研制在国内尚属空白，在国际上都属于高难度项目。王大珩勇敢地挑起了这副“千斤重担”。那时候，王大珩的嗓子经常是哑的，眼睛经常是红的，有时候还会发脾气摔杯子。这担子太重了，任务太难了，时间又太紧了。前前后后好几年，在克服了一个个难题后，他终于研制出了大型精密跟踪电影经纬仪。1964年10月16日，中国的第一颗原子弹试验成功，原子弹爆炸后的记录任务也圆满完成。

20世纪80年代，国际上正处于迎接新技术革命挑战之际，各个国家纷纷在科学技术上制订各自的战略计划，掀起了新的科

王大珩

学技术竞争浪潮。王大珩在默默观察着这一切，他明白这又是一次重大的技术革命。1986年，在经过一番商议后，王大珩与其他三位科学家联名给国家领导人上书，信中写道：“必须从现在抓起，以力所能及的资金和人力跟踪新技术的发展进程。须知，当今世界的竞争非常激烈，稍一懈怠，就会一蹶不振。此时不抓，就会落后到以后翻不了身的地步……在整个世界都在加速新技术发展的形势下，我们若不急起直追，后果是不堪设想的。”由此促成了举世瞩目的“863”计划，促使发展高科技成为实现我国科技现代化的一项重要战略部署。

王大珩生前几次来苏，如1983年来苏州参加高速摄影机产品的鉴定活动，1998年又来苏参加“高品质模压全息制品的制版系统与生产技术”鉴定活动。苏州的老百姓都为苏州出了这样一位大科学家而倍感骄傲！

拓展问答

王大珩真是一位杰出的科学家，他用毕生的智慧和满腔的爱国热情，实现了科技强国的梦想！

王大珩不仅自己爱国，而且对儿女的要求首先就是爱国。他曾经写诗勉励自己的子女，其中有这样的诗句：“异国风光好，莫忘爱国心。须当爱国者，志把中华兴。”其实，不光是他的儿女，每一位中华儿女都应当记住他饱含深情的爱国诗篇。

课外活动

上网找一找有关这位中国光学之父的资料，在你的日记中记录他的奋斗故事和优秀品质带给你的启发吧！

3 平门变迁

苏博士导读

同学们，上次我们一起学习了齐门的历史，那你知道哪座城门和齐门一样，也坐落在苏州城北吗？

我知道，是平门。现在的平门与苏州火车站隔河相望，旅客只要一来到苏州火车站南广场就能望见平门。

那平门岂不是我们苏州的“门面”嘛！

平门是一座沉睡千年而苏醒的神奇城门。今天就让我们边走边看，一起去感受平门的变迁吧！

苏博士课堂

苏州古城有这么多座城门，要说哪一座城门迎来送往，最是“好客”，平门绝对榜上有名。倒不是平门名气最大，而是它占了个地利。每天无数游客一来到苏州火车站南广场，平门总能给他们留下惊鸿一瞥。

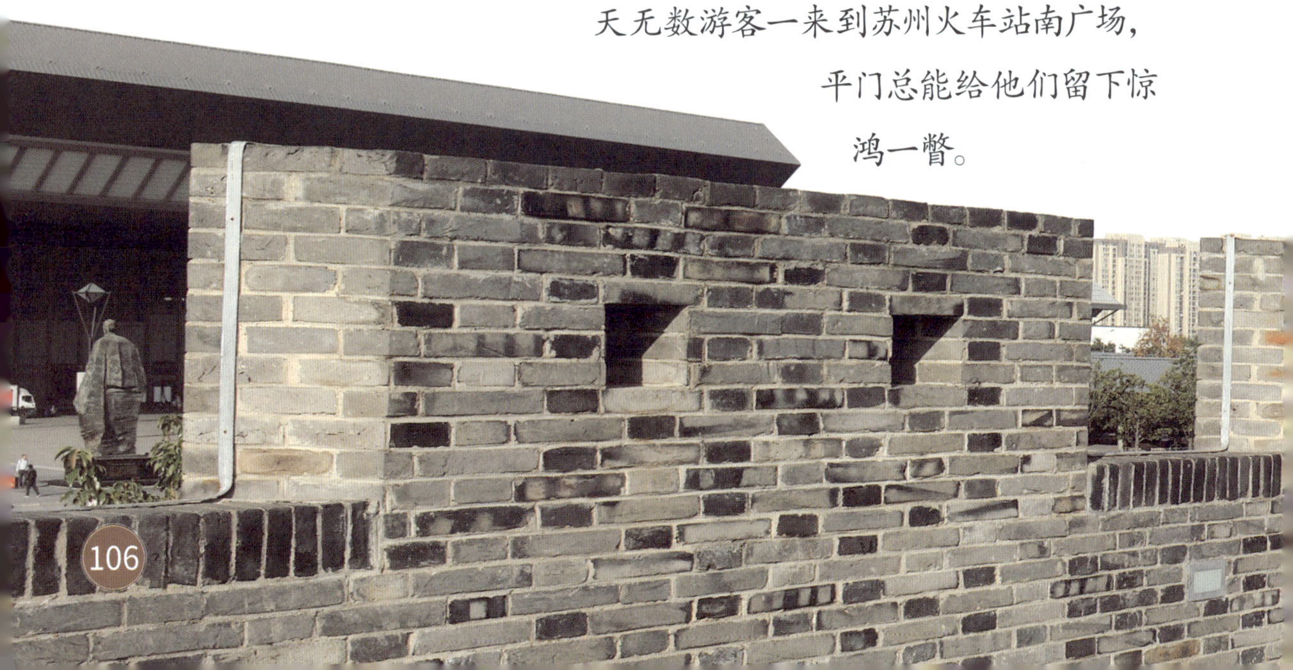

平门坐落于苏州城北、齐门之西，它的名字听起来十分安宁，但其实背后也有着诸多史家争论呢！

《吴地记》记载，当年伍子胥率兵从平门挥师北上，最终打败齐国，班师回朝，又从平门入城。因为是“平齐”，所以此城门得名“平门”。但是，这一记载颇值得商榷。夫差时吴国和齐国作战，伍子胥是坚决反对的，他力主先克心腹大患越国，还曾出使齐国，既然如此，怎还会率兵平齐呢？另有史料记载，平门原称巫门，是为了纪念商代贤臣巫咸的，他的墓就在城门附近。因为“巫”字与“平”字相似，所以后来讹为“平门”。但是诸多史料又显示，巫咸墓在常熟虞山上，并非在平门一带。所以，平门的得名依然迷雾重重。

平门城楼的匾额上悬着“齐泰平和”四个大字，“齐”和“平”借指苏州的齐门和平门，“泰”与“和”有安泰和谐的意思，平门始终寄寓着人们希望天下太平的美好愿望。但是平门自身的命运实在非常坎坷，经历了一次又一次的变迁。

历史上的平门曾长期废塞，早在南宋《平江图》上已失去了踪影。1906年，苏州火车站建成后，人们从火车站出来，进城必须绕道，从阊门入，交通十分不便。于是苏州在

1926年重开了平门，可惜不久之后，命运的捉弄让平门又废塞了一回。基于平门便利城内外交通的重要地位，1928年苏州第二次开辟了平门。此时建立起来的平门只有两个并列的城门洞，方便人们一进一出，较为简陋，于1958年被拆除了。

现在的平门城楼是于2012年重建的，高大巍峨，主要承担观赏功能，由连通人民路的平门桥便利交通。平门与它同样旧貌换新颜的朋友苏州火车站一起，迎接着来自四面八方的友人。

拓展问答

平门桥气势雄伟、外形美丽，宽阔的桥身巍然屹立在护城河上，是平门附近又一道亮丽风景呢！

平门桥前身是1928年建造的梅村桥，由颜料大王贝润生为纪念他的父亲贝梅村而出资兴建。后经重建改名为平门桥。现在的平门桥是一座具有江南韵味的仿古廊桥，桥身两侧是飞檐翘角、错落有致、古色古香的长廊。廊桥景观还采用了节能灯，桥身侧面采用变色点光源，以传统大红灯笼作为点缀，使古城中的平门桥既有古桥的质朴又具有时代的特色。

听说平门和平门桥上的对联写得特别妙，苏博士，您快带我们去看看！

平门城楼上的对联：登临纵目，吴郡云山凭一览；俯仰兴怀，伍员才略足千秋。上联写景，指登上城墙远眺，吴中大地的山山水水尽收眼底；下联抒情，怀念对苏州筑城有很大贡献的伍子胥，他的才略永载史册。平门桥上的对联：凭栏极目，读一城珠玑，三吴风物；逐浪飞舟，怀十里烟水，千古江山。苏州风物、江南烟雨、山河变迁，似乎在进入苏州古城的刹那间都扑面而来。古代建筑中，匾、联上的诗章佳句、书法杰作，既是对建筑的说明，又是装饰的手法，可以令建筑陡生风采，同学们可要多多学习哦！

课外活动

平门桥南有新建的石牌坊，柱子两面都有对联，同学们仔细读一读，试着理解它的意思。

4 名人雕塑

苏博士导读

同学们，你们关注过苏州公共空间的雕塑吗？

在干将路东西两个出入口的雕塑《中国结》非常有苏州特色。园林窗花、镂空隔栏等传统元素巧妙地运用了“借景”的手法呢！

在观前街区，有雕塑《吆喝的摊贩》，“笃笃笃，卖糖粥”，我实在太喜欢了！还有小孩的虎头鞋、虎头帽，这些细节也刻画得很地道。

同学们都是生活中的有心人。在苏州火车站南广场的苏州历史名人雕塑也非常有名，给无数来苏游客留下了深刻的印象。今天我们就去欣赏一下吧！

苏博士课堂

漫步在苏州古城，不时能看见一些优秀的城市雕塑艺术作品立于街头、广场。这些艺术作品用自身的雕塑语言回顾着苏州的过去，解释着苏州的现在，同时想象着这个城市的未来。

苏州历史名人雕塑园，位于现代化的苏州火车站南广场，南接护城河，古韵今风，相互交融。这组以八位苏州历史名贤为题材的城市雕塑，宛若精致的历史文化名片，向慕名而来的四方游客，展示着苏州的历史底蕴与人文魅力。

这八尊塑像中，范仲淹雕像处于火车站南广场的正中央，面北而朝向苏州火车站出口；广场西侧是泰伯、言偃、白居易、顾炎武四位名人雕塑，坐西朝东；广场东侧则是伍子胥、孙武、祖冲之三位历史文化名人雕塑，坐东朝西。八尊铸铜雕塑高度不同，范仲淹像最高，为主雕塑，高约7.2米（不算基座），其他塑像为3.5米至4米高，都位于东西两侧的风雨廊之内。每尊雕塑的“身边”还配有人物的简历。

为什么将范仲淹作为主雕像呢？中国人讲究坐北朝南，为什么范仲淹雕像坐南朝北呢？大家难免有这样的疑问。其实这八位名人都是姑苏城历史中具有杰出贡献的代表，

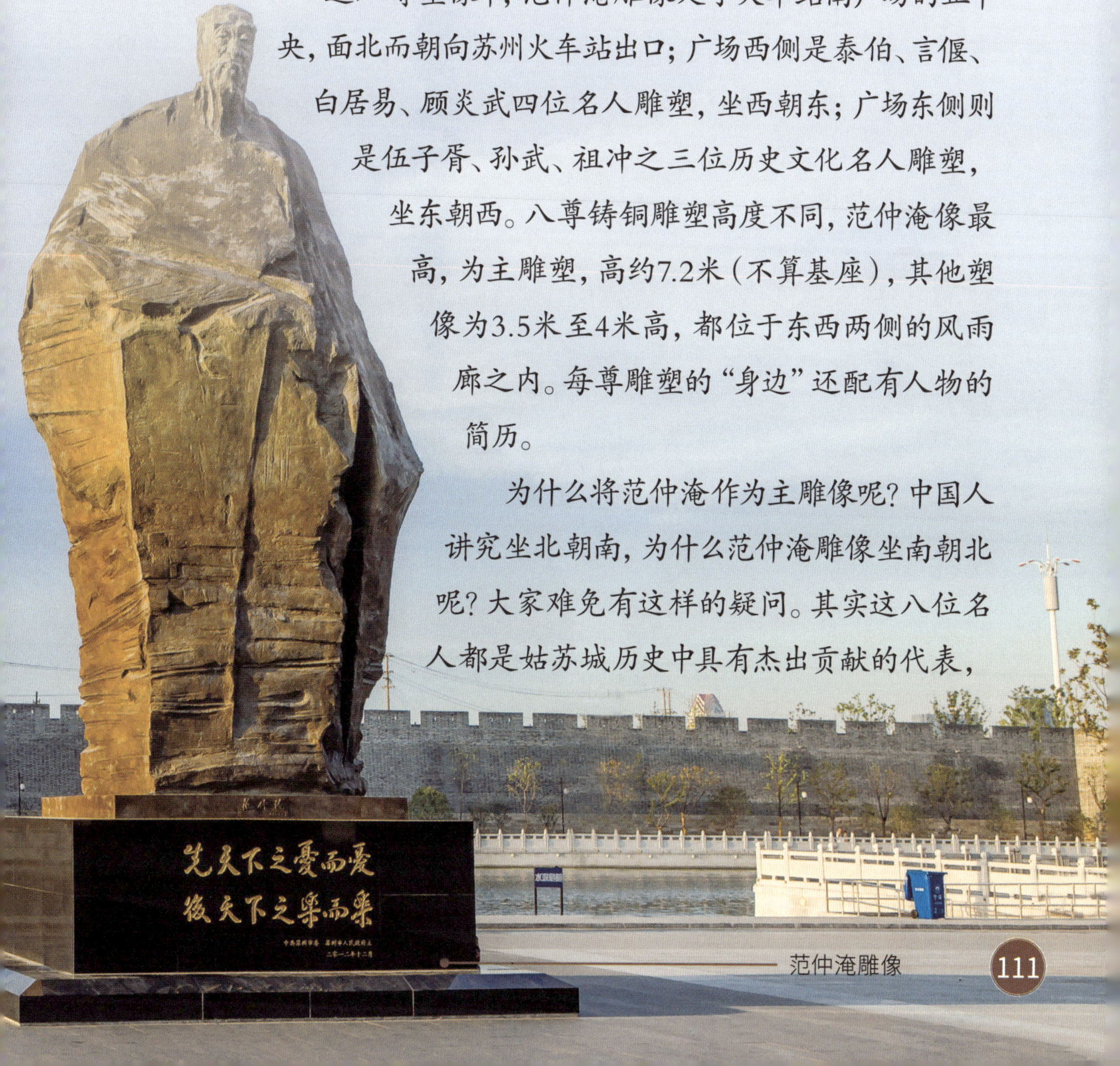

范仲淹雕像

他们淋漓尽致地展现了“道德文章、吴风浩荡”的人文精神。而这种人文精神中最典型的莫过于范仲淹的“先天下之忧而忧，后天下之乐而乐”，这不仅最能代表苏州人的抱负跟情怀，也体现了长期以来中华民族的价值观，所以，整个雕塑群都以这一理念为精神核心，范仲淹雕像也就作为主体立在了中心。至于选择“坐南朝北”，而不是中国传统的“坐北朝南”方向，是因为“朝北”恰好面对火车站出站方向，让五湖四海的游客一到苏州，就能感受到这座城市的亲切感和包容感。

如今，苏州历史名人雕塑园与平门古城墙、护城河、火车站一起，形成了一个和谐的艺术整体，构成了一幅令人震撼的美丽画卷。这一座座诗意的雕塑就如苏州文化的灵魂与脊梁，在历史风雨中傲然挺立。

拓展问答

苏博士，伍子胥像中间为什么是镂空的呢？

艺术家特意对整个雕塑的身体部分做了镂空透雕处理，使形体曲线构成完美的抛物线，酷似桥孔一般，将苏州特色的桥文化和水文化融于塑像之中，与苏州“小桥流水人家”的特色景观浑然一体。作为两千五百多年前苏州古城的缔造者，伍子胥雕像的塑造如苏州的拱桥，又像苏州古城墙的城门，历经沧桑和数千年的积淀，为姑苏城永恒的基石和标识。

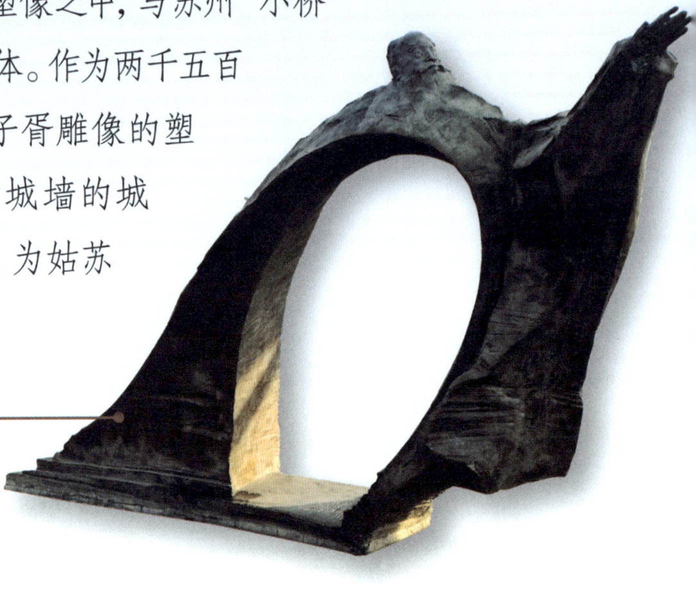

伍子胥雕像

孙武可是赫赫有名的军事家，爸爸特别喜欢看他的《孙子兵法》！

孙武被尊称为兵圣或孙子（孙武子），被誉为“百世兵家之师”“东方兵学的鼻祖”。他的巨作《孙子兵法》十三篇，为后世兵法家所推崇，是“兵学圣典”。苏州是孙武的功成名就之地，现在吴中穹窿山有孙武文化园，相城也有孙武纪念园。

我对祖冲之和顾炎武不太熟悉，能给我介绍一下吗？

祖冲之是我国古代有名的科学家，圆周率、《大明历》、指南车是他的三大成果。他虽然不是苏州籍贯，但在苏州昆山（当时叫娄县）当过足足六年县令，是名副其实的“科技县长”哦！

顾炎武是苏州昆山人，他是著名的思想家、史学家、语言学家，明末清初三大儒之一。他的思想十分先进，对后人产生深远的影响，他主张“天下兴亡，匹夫有责”，让人们都承担起建设国家的责任。

课外活动

和爸爸、妈妈一起去苏州火车站南广场欣赏历史名人雕塑作品，感受雕塑文化的魅力，并制作这八位名贤的人物手册。

社会实践课 游环古城河健身步道

苏博士去哪儿

我们已经对苏州古城门有了深入的了解，为了使大家的认识更加直观和全面，今天苏博士要带你们游环古城河健身步道了！

环古城河健身步道可是最美跑步路线呢！步道与水为邻，外侧是苏州流淌千年未曾停息的护城河水，内侧是见证了苏州风雨沧桑的古城墙。

那环古城河健身步道有多长呢？我真担心我走不动。

环古城河健身步道全长约15.5公里。不过别担心，健身步道共分十一段，我们可以依据喜好和体力选择最适合自己的线路，还有我健身小达人陪你呢！

十一段健身步道，仿佛时光隧道连贯着古与今，让我们一起用脚步追寻两千五百多年的古城历史，遇见最美苏州吧！

微旅游路线推荐

1. 苏大段（相门桥—葑门桥）2. 二郎巷段（葑门桥—竹辉桥）3. 桂花公园段（竹辉桥—南园桥）4. 南门段（南园桥—蟠龙桥）5. 盘门段（蟠龙桥—新市桥）6. 少年宫段（新市桥—姑胥桥）

同学们，你们也可以设计属于自己的环古城健身步道微旅游路线，出发吧！

7. 石路段（姑胥桥—景德桥）8. 阊门段（景德桥—惠济桥）9. 平门段（惠济桥—齐门桥）10. 糖坊湾段（齐门桥—娄门桥）11. 东园段（娄门桥—相门桥）

完成微记录

选择一种完成

1. 制作专属“环古城河健身步道”手绘地图：

（1）勾勒环古城河健身步道地图；

（2）在沿途的重要地点留影，然后将它贴在手绘地图的对应地方；

（3）在重要的地点旁写下对它们的简单介绍。

2. 制作小导游短视频：

（1）选出你最心仪的两处景点，准备好小导游的演说词；

（2）在这两处景点录制自己的小导游短视频；

（3）美化自己的短视频，为它配上音乐等，在班级里进行展示。

附录　苏州古城大揭秘

城纪千年

春秋：子胥造城　象天法地

战国：春申治吴　重建阊门

秦汉：会稽吴郡　危墙兵戈

唐朝：诗人太守　江南雄州

五代：吴越钱镠　改土为砖

宋朝：苏杭天堂　图绘平江

元朝：张吴割据　加造瓮城

明朝：财赋江南　画楼水影

清朝：江苏省城　金阊银胥

民国：护故鼎新　平门复开

（感谢苏州城墙博物馆提供资料）

城墙构造

雉堞

雉堞，是城墙顶部筑于外侧的连续凹凸的齿形矮墙，在抗击敌人来犯时，作掩护守城士兵之用。苏州城墙很早就有女墙与雉堞的记载，如南宋『宝祐二年，赵汝历增置女墙』，明代『各门上为画楼，周循雉堞，每十步为铺舍，内外夹以长濠，广至数丈』。到了清代则『女墙高六尺』，有『雉堞三千五十一』。

瓮城

同治《苏州府志》记载：『至张士诚入据，增置月城。明初，平吴，更加修筑。城为亚字形，内外长濠广至数丈，门皆有钓桥，以通出入，遂为苏州府城。』

女墙

女墙又叫『睥睨』，指城墙顶上的小墙，建于城墙顶的内侧，起护栏作用。有的女墙也设有瞭望孔。

陆门

历经各代修建，苏州陆门形制已臻完备。以盘门为例，其设有内外两重门，其间为瓮城。门上有重檐歇山式门楼。整座城门雉堞林立，女墙巍峨，雄壮坚固。

城门楼

城门城墙上木结构重檐歇山式楼阁建筑，既是古城的重要标志，也是城市级别的象征。门楼内设有指挥部，可瞭望守卫、存储武器物资，战时用来观察敌情、组织守卫、打击敌人。民国《吴县志》记载，清代时有六门，每门都有楼，并有题额。

水门

水门又称水关，现保存完好的盘门水门由内外两重城门和水闸贯穿组成。如出自宋代的齐门水门，基底为三层木排叠压，向上用青石对称盘砌出石驳，结顶则是砖砌的水门拱圈。